신라속의 사랑 사랑속의 신라

통일신라 편

글쓴이(가나다순)

김덕원(명지대학교 강사)
김선숙(한국학중앙연구원 연구원)
김창겸(한국학중앙연구원 선임연구원)
이부오(화정고등학교 교사)
상일규(국민대학교 연구교수)
장창은(국민대학교 강사)
조범환(서강대학교 연구교수)

신라속의 사랑 사랑속의 신라
통일신라 편

1판 1쇄 인쇄 | 2008년 3월 15일
1판 1쇄 발행 | 2008년 3월 25일

지은이   신라사학회
펴낸이   한정희
펴낸곳   경인문화사
편   집 신학태, 김소라, 장호희, 김경주, 김하림, 한정주, 문영주
영   업 이화표
관   리 하재일, 김현민

주   소 서울 마포구 마포동 324-3
전   화 718-4831
팩   스 703-9711
등   록 1973년 11월 8일 제 10-18호
홈페이지 http://한국학서적.kr www.kyunginp.co.kr
이메일   kyunginp@chol.com
출   력 문형사
인   쇄 새한문화사
제   본 바다제책

ISBN 978-89-499-0548-8 03910
값 9,800원

신라속의 사랑 사랑속의 신라

통일신라 편

신라속의 사랑 사랑속의 신라
통일신라 편

부석사를 지키는 스님과 용

의상과 선묘

한국의 불교사와 사상사에서 의상(625~702)은 원효(617~686)와 함께 절대적인 위치를 차지하고 있다. 두 사람은 구도의 길을 함께 한 도반이었으며, 조선시대에는 형제라고까지 인식되었다. 그러나 두 사람의 성향은 너무나 달랐다. 요석궁 공주와의 사랑이야기를 비롯하여 각종 스캔들을 낳은 원효와 달리 의상은 말 그대로 점잖은 스님이었다. 그러나 의상에게도 역시 그를 사랑하던 나머지 용이 되어버린 한 여인이 있었는데, 그녀의 이름은 선묘善妙라는 이국의 여인이었다.

조용하고 내성적인 스님, 의상

의상의 속성俗姓은 김씨이고, 진평왕 47년(625) 경주에서 진골귀족으로 태어났다. 그가 진골귀족이었다는 사실은 의상의 생애와 정치적·사상적 단면을 이해하는 데 중요한 단초가 된다. 기록이 많은 원효에 비해서 의상의 성격과 수행법에 대한 흔적은 아래의 기록이 거의 유일하다.

신라의 의상조사는 전심으로 안양安養을 구하여 평생 서쪽을 등지지 않고 앉았다. 그 문도 가운데 죄를 지은 한 비구가 있어서 불법에 의해 내쳐져 무리를 떠났다. 그러나 그는 다른 곳을 떠돌아다니면서도 스승을 잊지 못하여 스승의 상像을 만들어 지니고 다녔다.

스승이 그 소식을 전해 듣고 불러 말하기를 "나는 평생 서쪽을 등지지 않고 앉았다. 만일 네가 진실로 나를 생각한다면 그 상 역시 감응할 것이다." 하며 그 상을 서쪽을 등지도록 놓아두었다. 그러자 상이 스스로 몸을 돌려 서쪽을 향해 앉았다. 의상은 그

의상대사 영정 | 조선 영조 43년(1767)에 조성되었다.

가 회개한 것을 깨닫고 과오를 용서하고 다시 받아들였다.

무기, 「석가여래행적송」 권하

위의 기록은 의상이 철저하게 자신의 본분을 지킨 수행자였음을 알려준다. 정토신앙에 투철했던 의상은 평생 단 한 번의 어김도 없이 오직 아미타불이 계시는 서쪽을 향해서만 앉았다. 또한 무소유를 실천하여 의복과 바리와 물병을 제외하고는 아무것도 가진 것이 없었으며, 그 성품은 언제나 온화하고 서늘했다고 한다.

의상은 원효와 달리 조용한 성격의 소유자였던 것으로 보인다. 원효가 천촌만락千村萬落을 다니며 대중을 교화할 때 그는 태백산 부석사를 중심으로 수행과 제자 교육에만 전념하였다. 다급한 제자들이 도움을 청할 때면 절대 서두르는 법 없이 그들의 마음이 조용히 가라앉을 때를 기다려 살핀 다음 의문점을 하나하나 짚어가며 풀어주었다. "긴 말 하지 마라. 다만 한 마디면 족하다." 이것은 의상이 스승 지엄智儼으로부터 배운 교훈이었다. 의상을 햄릿Hamlet형에 비유한다면, 매사 구애됨 없이 적극적이었던 원효는 돈키호테Don Quisote형이라고 말할 수 있겠다. 이 같은 성격 차이는 두 사람의 여성관에도 직접적인 영향을 주었다.

모든 것은 마음의 문제였다

신분과 성격은 달랐지만 의상과 원효는 고승들을 만나기 위하여 함께 산천을 두루 찾아 다녔다. 그리하여 낭지朗智와 고구려의 보덕

普德과 같은 고승들에게 가르침을 받은 후에 두 스님은 당나라로 함께 유학을 떠나기로 결심하였다. 의상과 원효는 모두 두 차례에 걸쳐서 당나라 유학을 시도하였다. 그 중 첫 번째 시도는 진덕왕 4년(650)에 이루어졌으나 고구려 변경의 수비군에 의해서 간첩으로 오인 받아 좌절되었다. 현재까지 전하는 이른바 '해골물 사건'은 이들이 두 번째로 당나라 유학을 시도한 문무왕 1년(661)의 이야기다.

〔의상은〕 약관 나이에 이르러 당나라에 교종이 나란히 융성하다는 소식을 듣고 원효법사와 뜻을 같이하여 서쪽으로 유행遊行하고자 길을 떠났다. 본국 신라의 해문海門이자 당나라의 주계州界에 도착하여 큰 배를 구해 창파를 건너려고 하다가 심한 폭우를 만났다. 이에 길 옆의 토굴 사이에 몸을 숨겨 회오리바람과 습기를 피하였다.

다음날 날이 밝아 바라보니 그들이 몸을 숨긴 곳은 해골이 쌓여 있는 옛 무덤이었다. 하늘에서는 계속해서 궂은비가 내리고 땅은 질척해서 한 발자국도 앞으로 나아갈 수가 없어서 또 하루를 무덤 속에서 머무는데, 밤이 깊기 전에 갑자기 귀신이 나타나 놀라게 하였다. 이에 원효법사가 탄식하여 말하기를 "전날 밤에는 토굴에서 잤어도 편안하더니, 오늘밤은 귀신 굴에 의탁하니 근심이 많구나. 알았다! 마음이 생기니 갖가지 것들이 생겨나고, 마음이 사라지면 토굴과 고분이 둘이 아니로다. 또한 삼계三界는 오직 마음이요, 마음이 오직 인식이로구나. 마음밖에 법이 없으니 어찌 따로 구하랴! 나는 당나라에 들어가지 않겠다."고 하였다. 그리고 원효는 바랑을 메고 본국으로 돌아가버렸다. 의상은 홀로 어려움을 무릅쓰고 상선에 의탁하여 당나라로 갔다.

『송고승전』 권4, 신라국의상전

위의 기록에는 단지 '해골이 쌓여 있는 옛 무덤'이라 하였으나 조금 더 극적인 이야기도 전한다.

옛날 동국의 원효법사와 의상법사 두 분이 함께 스승을 찾아 당나라로 왔다가 밤이 되어 황폐한 무덤 속에서 잤다. 갈증이 난 원효법사 곁에 마침 고여 있는 물이 있어 손으로 움켜 마셨는데, 맛이 아주 좋았다. 다음날 보니 그것은 시체가 썩은 물이었다. 이를 안 원효법사는 마음이 불편해져 토할 것 같았는데, 문득 큰 깨달음을 얻어 "내 듣건대 부처님께서는 삼계유심三界唯心이요, 만법유식萬法唯識이라 하셨다. 아름다움과 나쁜 것은 나에게 있지 물에 있는 것이 아님을 알겠구나."라고 말했다. 마침내 원효는 고향으로 돌아가 두루 교화하였다.

『종경록』 권11

의상은 보편적인 불법을 구하려 하였으나 원효는 모든 것을 마음의 작용으로 보아 불법 자체를 마음속에서 구하였다. 마음 밖心外의 보편적인 법을 구하려는 의상과 마음 안心內에서 법을 구하려는 원효. 사상의 차이로 결국 원효는 당나라 유학을 포기했고, 의상은 홀로 떠났다.

아름다운 여인, 선묘를 만나다

원효와 헤어진 후 홀로 당나라에 도착한 의상은 양주의 관리였던 유지인劉至仁의 요청으로 관아에 머물며 그의 지극한 공양을 받았

부석사 선묘각 | 경북 영주시의 부석사 경내에 선묘를 기리
는 작은 전각이 있다. 전각 안에 선묘 초상을 모시고 있다.

선묘 초상 | 비록 후대의 상상에 의한 것이지만
선묘의 얼굴에는 사랑과 자애가 가득 담겨있다. 불
교에서 미타·관음보살 이미지를 차용한 것 같다.

다. 의상이 아름다운 여인 선묘를 만난 것은 바로 이 무렵이었다.

　　〔의상은〕총장總章 2년(669)에 상선을 타고 당나라의 등주登州 해안
에 도착하였다. 어느 신도의 집에 이르렀을 때 그의 뛰어난 모습을 본
집주인은 의상을 자기 집에 머물다 가게 하였다.

　　그 집에는 선묘라는 아름다운 딸이 있어 의상을 흠모하였다. 선묘는
갖은 미태로 의상을 유혹하였으나 의상의 마음은 바윗돌처럼 조금도 흔
들림이 없었다. 끝내 의상의 마음을 사로잡지 못한 선묘는 도심道心을
발휘하여 의상 앞에 대원大願을 세워 말하기를 "생생세세生生世世 스님
에게 귀명歸命하여 스님께서 대승을 공부하시고 대사를 성취하시도록

제자는 단월檀越이 되어 스님에게 필요한 모든 것을 드리겠습니다."고 하였다.

『송고승전』 권4, 당신라국의상전

의상이 어느 신도의 집에 이르렀을 때 그의 뛰어난 모습을 본 집 주인은 의상을 반겨 맞았다. 그 집에는 선묘라는 아름다운 딸이 있었는데, 그녀는 의상에게 첫눈에 반해서 곧 사랑에 빠지게 되었다. 그리하여 의상에게 갖은 교태와 아양을 부렸지만 통하지 않았다. 조용하면서도 조금은 내성적인 성격의 소유자였던 의상은 철저하게 수행자의 본분을 지켰다. 어렵사리 당나라로 유학을 온 의상은 불법을 구하는 데 정진하였을 뿐 한 여인과의 사랑은 비집고 들어갈 틈이 없었다. 그러한 의상의 모습에 감동한 선묘는 생생세세 제자로서 정성을 다하여 받들겠다고 맹세하였다. 이제는 자신이 사랑하는 남자로서가 아니라 스승과 제자로서의 인연을 약속한 것이다. 마치 조선시대의 화담花潭 서경덕徐敬德과 황진이黃眞伊의 이야기와 같은 내용이다.

당나라에서 약 10년 동안의 유학을 마친 의상이 신라로 귀국한 것은 문무왕 10년(670)의 일이다. 그동안 선묘는 의상과의 약속을 충실하게 지키며 그가 불법을 구하는 데 여러 가지로 도움을 주었다. 의상은 선묘의 도움에 고마움을 전하기 위하여 그녀의 집으로 찾아 갔지만, 아마 만나지 못했던 것으로 보인다.

〔귀국하는 길에 의상은〕 다시 문등文登의 옛 신도의 집에 들러서 여러 해 동안 시물施物을 제공해 준 고마움을 사례하였다. 그리고 상선의

시간이 바빠 곧바로 선창으로 갔다. 그때 선묘는 의상을 위하여 법복과 모든 집기를 마련하여 상자에 가득 넣어두고 있었다.

선묘가 상자를 운반하여 바닷가로 갔을 때 의상이 탄 배는 이미 멀리 떠나고 있었다. 선묘가 주원呪願하며 "내가 본래 진실한 마음으로 법사를 공양코자 함이므로 원하옵건대 이 상자가 저 배에 당도할 수 있게 해 주옵소서."라 하고는 멀어지는 배를 향해 상자를 던졌다. 그러자 갑자기 세찬 바람이 불어 그 상자를 깃털처럼 날려 배 위에 들여놓았다. 선묘는 다시 서원誓願하여 말하기를 "이 몸을 큰 용으로 변하게 하여 스님이 타신 배가 무사히 바다를 건너 귀국하여 전법하시는 데 도움이 될 수 있게 하옵소서."라 하며 바다에 몸을 던졌다. 선묘의 지극한 원력과 지성이 감신하였던지 과연 선묘의 몸은 용이 되어 의상이 탄 배가 편안하게 신라 땅에 이르게 도왔다.

『송고승전』 권4, 당신라국의상전

의상이 귀국한다는 사실을 알게 된 선묘는 아무리 스승과 제자의 인연을 맹세하였지만, 사랑하는 사람을 영영 만나지 못하게 된다는 사실에 가슴이 찢어질 듯 아팠을 것이다. 그리하여 마지막으로 의상이 떠나는 모습이라도 보고 싶어서 미리 준비한 물건을 가지고 바닷가로 달려갔지만, 의

불경에 등장하는 용 | 용은 예로부터 물을 다스리는 신령한 동물이었다. 불교에서는 또한 불법을 지키는 수호신 역할을 하였다.

상이 탄 배는 이미 저만치 멀어지고 있었다.

선묘는 의상을 위하여 준비한 물건이라도 전하고픈 마음에 간절히 기원하며 배를 향해 상자를 힘껏 던졌다. 이러한 간절한 기원이 하늘에 통하였는지 갑자기 세찬 바람이 불어 상자를 배 안으로 들어가게 하였다. 이를 본 선묘는 더욱 용기를 얻어 스스로 용으로 변하여 의상이 무사하게 귀국하는 것과 함께 신라에서 불교를 전법하는 데 도움이 되기를 기원하며 바다에 몸을 던졌다. 이번에도 선묘의 간절한 기원이 이루어져 그녀의 몸은 용으로 변하여 의상이 탄 배를 무사히 신라에 도착할 수 있게 하였다. 결국 선묘는 사랑하는 사람을 위해, 또 존경하는 스승을 위해서 기꺼이 자신을 희생하며 온몸으로 자신의 사랑을 지켰던 것이다.

용이 된 선묘, 부석사 창건을 돕다

신라로 돌아온 의상은 산천을 두루 돌아다니며 낙산사를 비롯하여 여러 지역에 사찰을 창건하였을 뿐 아니라 신라에 화엄종을 개창하여 화엄사상을 발전시켰다. 그리고 문무왕 16년(676)에는 화엄종의 중심 도량으로 부석사를 창건하였다.

부석사는 왕명에 의해 창건되었지만, 용이 되어 신라까지 따라온 선묘와의 관련성도 빼놓을 수 없다.

입국한 후 의상은 산천을 두루 다녔는데, 고구려와 백제의 바람과 조우鳥牛가 서로 미치지 못하는 곳에 이르러 말하기를 "이곳은 땅이 신령

스럽고 산이 수려하여 참으로 법륜法輪을 굴릴 만한데, 어찌 권종이부權宗異部의 무리들이 500명이나 모여 있는가?"라 하였다. 의상은 또 조용히 생각하기를 "대화엄교는 복선福善의 땅이 아니면 가히 흥할 수 없다."고 하였다.

선묘룡善妙龍은 항상 의상을 따라 다니면서 수호하고 있었는데, 의상의 상념을 몰래 알고는 이에 허공 중에 크고 신비한 변화를 일으켜 너비 1리나 되는 큰 바위로 변하여 가람의 머리를 덮어 금방이라도 떨어질 듯하였다. 이에 놀란 승려 무리들은 어찌할 바를 모르다가 사면으로 흩어져버렸다. 의상은 드디어 이 절에 들어가 겨울에는 양지 바른 곳에서, 여름에는 그늘에서 『화엄경』을 강의하였으니 부르지 않아도 스스로 이르는 자가 많았다.

『송고승전』 권4, 당신라국의상전

부석사의 부석 ㅣ 의상이 부석사를 창건할 때 이교도들의 반발이 심하였다. 이에 선묘가 용으로 나타나 큰 바위를 들어올리는 기적을 보임으로써 이교도들을 굴복시켰다는 설화가 전한다. 지금도 부석사 무량수전 왼쪽 옆에 이 사연을 대변해 주는 듯한 바위가 있다.

선묘는 의상이 부석사를 창건할 때 많은 도움을 줌으로써 의상이 신라에서 불교를 전법하는 데 큰 힘이 되었다. 그리고 자신이 용이 되면서 간결하게 기원하였던 것을 이룰 수가 있었으며, 또 그곳에서 의상과 함께 할 수 있게 되었다. 지금도 부석사에는 선묘와 관련하여 부석浮石 · 선묘정善妙井 · 석룡石龍 등이 남아 있다.

선묘는 의상의 자취가 남아있는 부석사의 안식처에서 부처님의 말씀을 들으며 평안한 꿈을 꾸고 있을 것이다. 사랑하는 님을 그리며.

| 김덕원 |

참고문헌

김홍철, 「송고승전 소재 의상전고-선묘설화를 중심으로-」『인문과학논집』 3, 청주대 인문과학연구소, 1984
전해주, 『의상화엄사상사연구』, 민족사, 1993
김두진, 『의상-그의 생애와 화엄사상-』, 민음사, 1995
김상현, 「삼국유사 의상 관계 기록의 검토」『사학지』 28, 1995
정병삼, 『의상 화엄사상 연구』, 서울대출판부, 1998
김덕원, 「원효와 의상의 신분적 · 정치적 차이에 대한 고찰」『덕봉오환일교수 정년기념사학논총』, 신정, 2006

불교적 선행으로 써내려간 사모곡

진정과 어머니

한 번 맺어지면 절대로 끊을 수 없는 것, 매일 마시는 공기처럼 일상생활에서는 그 소중함을 깨닫기 어렵지만, 일단 멀어지면 생명력이 흔들릴 정도로 필수불가결한 것이 부모와 자식의 사랑이다.

『삼국유사』효선편에 소개된 다섯 편의 이야기는 부모에 대한 신라인들의 애틋한 사랑의 본보기이다. 그 중 첫 머리를 장식한 진정법사효선쌍미眞定法師孝善雙美 이야기는 부모에 대한 효도와 불교적 선행 사이의 번뇌를 섬세하게 보여준다.

노총각 진정의 어머니 봉양

경주 부근의 한 마을에 가난한 노총각 진정이 홀어머니와 함께 살았다. 그가 어느 시기에 나고 자랐는지 정확히 알 수는 없으나 그의 이야기에 승려 의상이 등장하는 것으로 미루어 대략의 시기를 짐작할 수 있다.

진정은 671년 당나라에서 귀국한 의상의 제자가 되었는데, 문무왕대까지 왕성하게 설법을 펴던 의상은 신문왕대에 들어 공백을 보인다. 671년경 진정은 결혼 적령기를 갓 넘긴 상태였으니, 7세기 중엽의 초반부에 태어나 신라가 백제와 고구려를 차례로 멸망시킨 660년대에 청년기를 보냈다고 볼 수 있다.

당시 진정이 처했던 환경은 나당전쟁과 무관하지 않았다. 신라의 통일전쟁이 계속되던 수십 년 동안 신라 백성들의 생활은 이루 말할 수 없을 정도로 처참했다. 백성들은 군량미와 무기를 조달하기 위해서 더 많은 세금을 바쳐야 했고, 대부분의 장정들은 전쟁터에서 세월을 보내야 했다.

가난한 집안에서 홀로 어머니를 모셔야 했던 진정에게는 군복무를 피할 방법이 없었다. 다만 격전지였던 예성강과 임진강 일대로 파견되지 않고 집에서 출퇴근할 수 있었다는 점이 그나마 다행이었

다. 진정은 잠시라도 틈이 날 때마다 남의 논밭에 가서 품을 팔아 홀어머니를 봉양했다. 그러나 품팔이 정도로 집안 형편이 펴질 리 만무하여 살림살이라고는 다리 부러진 무쇠 솥 한 개가 전부였다.

어려운 생활 속에서

삼국시대 무쇠솥 | 백제 수도 사비(지금의 부여)에서 출토되었다. 진정도 이러한 솥을 사용하였을 것이다.

진정과 노모를 위로해준 것은 불교였다. 이들 외에도 많은 백성들이 불교에 의지했다. 진정이 살던 시대에는 대중 불교를 표방한 원효 등의 활동으로 더욱 많은 백성들이 불교에 심취해 있었다. 진정과 노모도 어려운 생활을 불심으로 이겨냈다.

살림 밑천인 솥단지를 불사에 시주하고

그러던 어느 날 한 스님이 진정의 집을 찾았다. 집 앞에서 합장으로 예를 갖춘 스님은 인근에 절을 지을 것이니 쇠붙이를 시주해달라고 청했다. 불심이 각별했던 진정의 어머니는 시주할 것을 찾기 위해 둘러보았으나 쇠붙이라고는 다리 부러진 무쇠 솥 하나가 전부였다. 노모는 다급한 마음에 무쇠 솥을 시주하고 말았다. 진정 모자에게 다리 부러진 솥단지는 전재산이나 마찬가지였다.

스님이 돌아간 뒤 노모는 걱정에 사로잡혔다. 무쇠 솥을 시주했다는 사실을 아들이 알면 어떻게 나올지 알 수 없는 일이었다. 아무리 불심이 깊다 해도 하나밖에 없는 소중한 살림살이를 불사에 시주하는 것은 상식적으로는 납득할 수 없는 일일 것이다. 그러나 밖에서 돌아와 노모의 말을 들은 진정은 뜻밖에도 기쁜 기색으로 "불사에 시주하는 것이 얼마나 좋은 일인가요? 비록 솥이 없다한들 또한 무슨 걱정이 되겠습니까?" 하고 말했다. 그제야 노모의 얼굴에는 화색이 돌았다. 이제 진정은 질그릇 동이에 밥을 지어 어머니를 봉양했다. 질그릇 동이는 무쇠 솥보다 훨씬 불편했지만, 절에 시주했다는 자부심은 불편함을 기쁨으로 바꾸어놓기에 충분했다.

깊어가는 진정의 고뇌

가난으로 하루하루 힘겨운 생활을 견디고 있던 진정에게 새로운 소식이 날아들었다. 당나라로 유학을 갔다가 귀국한 의상이 태백산에서 불법을 펴고 사람들을 이롭게 한다는 것이었다. 의상은 나당전쟁이 끝난 676년 소백산에 부석사를 창건했는데, 진정이 의상의 소식을 들은 때가 그 이전인지 이후인지는 확실히 알 수 없다. 그러나 진정 이야기에 부석사와 관련된 언급이 전혀 없는 것으로 보아 진정이 그 소식을 접한 시기는 671년에서 675년 사이로 짐작된다.

소식을 전해들은 진정은 할 수만 있다면 당장이라도 태백산으로 달려가 의상의 제자가 되고 싶었다. 그러나 진정은 아직 군복무에서 벗어나지 못한 처지였고, 노모를 부양해야 한다는 의무감을 떨쳐버릴 수 없었다. 진정은 고민에 빠졌다.

진정이 모든 것을 버리고 출가해 태백산으로 간다면, 그것은 불교적 선행을 실천하는 가장 확실한 방법이었을 것이다. 그러나 군복무를 무시한다는 것은 국가에 대한 충성을 저버리는 행위였다. 당시는 나라에 대한 충성이 부모에 대한 효도나 불교적 선행보다 훨씬 중요하게 취급되었으니 이를 무시할 도리가 없었다.

또한 효도는 국가에 대한 충성과 함께 유교의 대표적인 덕목이었는데, 불교적 선행이 아무리 좋다고 해도 노모에 대한 효도를 쉽게 포기할 수 없었다. 진정처럼 유교적 효와 불교적 선행 사이에서 고민했던 예로는 강수强首가 대표적이다. 당 태종 때 난해한 외교문서를 잘 풀이하는 것으로 유명했던 그는 어렸을 때 불교와 유교 중 어느 것을 배우겠냐는 아버지의 질문에 단호하게 유교라고 대답했다.

불교는 세속을 도외시한 가르침이고 유교는 생활 속의 규범에 대한 가르침이니, 인간 세계에 살고 있는 우리는 당연히 유교를 중시해야 한다는 것이 그 이유였다. 당시 유교와 불교를 대립적으로 여기는 시각은 아직 보편화되지 않았지만, 국가적으로는 불교적 선행보다는 유교적 가르침이 더 중요했음을 엿볼 수 있다.

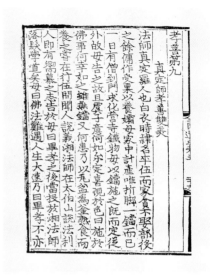

『삼국유사』 진정사 효선쌍미 │ 어머니에 대한 효와 불교적 선행을 다한 진정의 이야기이다.

때문에 가정에서의 유교적 덕목인 효는 보통 사람들에게도 일상화되었다. 『효경』은 강수처럼 유학을 접한 사람이라면 어려서부터 배워야하는 책이었다. 진정이 고민했던 시기보다는 조금 뒤의 일이지만, 682년 설립된 국학國學에서도 『효경』은 필수과목이었다. 가난한 진정이 이런 책까지 챙겨 읽었는지는 알 수 없으나 효의 관념만큼은 확실히 가지고 있었으니, 당연히 진정의 머릿속에는 노모를 모셔야 한다는 생각이 강하게 자리잡지 않을 수 없었다. 가난한 그에게 종교와 효도의 문제는 피할 수 없는 딜레마였다.

효도는 불교 경전에서도 강조되는 덕목이었다. 『화엄경』에서는 "항상 부모를 존중하며 공경하는 마음으로 섬겨야 한다."고 했고, 『우란분경盂蘭盆經』에서도 "효도만큼 큰 복은 없다."고 했다. 진정이 출가한다면 그것은 유교적 가치관 뿐만 아니라 불교 경전의 가르침에도 크게 위배되는 일이었다. 충효의 덕목과 불교적 선행의 사이에서 진정의 고뇌는 깊어만 갔다.

어머니를 떠나 태백산으로

진정은 마침내 노모에게 고민을 털어놓았다. 노모가 돌아가시면 그때 출가해 의상대사의 제자가 되겠다고 말한 것이다. 진정에게는 선택의 여지가 없었다. 그러나 노모의 대답은 뜻밖이었다.

"불법이란 만나기 어렵고 인생은 너무 빠르니, 효도를 다 마친 후에는 늦지 않겠느냐? 내게는 내가 죽기 전에 네가 도를 깨달았다는 소식을 듣는 것만 한 기쁨이 없다. 부디 주저하지 말고 빨리 떠나라."

자식의 입장에서는 효도가 우선이었지만, 불교 신앙이 각별했던 어머니는 아들에게 불교적 선행을 우선시하라고 당부한 것이다. 그러나 진정에게는 노모의 만년을 지켜줄 다른 사람이 없었기에 도저히 어머니를 버리고는 출가할 수가 없었다. 그러나 노모는 다시 진정을 채근했다.

"답답하구나! 나 때문에 출가를 못한다면 이는 나를 지옥에 떨어뜨리는 것이다. 비록 살아서 풍성한 음식으로 봉양한들 어찌 효도가 되겠느냐? 남의 집 문간에서 비럭질을 하더라도 나는 타고난 명대로 살 것이니, 나에게 효도하려거든 그런 말을 입 밖에도 꺼내지 마라."

날이 밝자, 노모는 집안에 남은 쌀 일곱 되를 모두 털어 밥을 지었다. 그리고 진정에게는 한 되 분량의 밥은 먹고 나머지 여섯 되 분의 밥은 짊어지고 떠나라고 재촉했다. 이는 태백산의 의상대사에게 하루라도 빨리 가기 위해서 떠나기 전에 든든히 배를 채우라는 의미요, 또한 여행 중에 밥을 짓다 보면 아무래도 시간이 지체될 것이니, 하루라도 여행을 단축시키기 위해서는 도중의 식사도 지금 싸준 것으로 모두 해결하라는 의미였다. 진정은 이에 어머니를 버리고 출가하는 것도 자식으로서 차마 하기 어려운 일인데 어머니가 혼자 먹기에도 턱없이 부족한 양식을 몽땅 챙겨서 가져간다면 하늘과 땅에 부끄러운 일이라고 항변했다. 진정은 세 번이나 거듭 사양했으나, 어머니는 고집을 꺾지 않았다.

어머니의 고집을 꺾을 수 없다는 사실을 깨달은 진정은 다시 생각에 사로잡혔다. 늙은 어머니를 봉양하는 것이 자식의 당연한 도리겠지만, 그것은 어찌 보면 세속적인 기준으로 본 단순한 효도일 수 있었다. 『심지관경心地觀經』에서 말하는 것처럼 부모에게 물질로 효도하는 것보다 일념으로 효순심孝順心을 갖는 것이 더 중요하지 않을까. 이에 진정은 출가해서 도를 깨닫는 것이 더 큰 효도라는 데 결심을 굳혔다. 진정은 그 자리에서 집을 나와 밤낮으로 길을 재촉했다. 고뇌의 시간은 길었으나, 일단 결심을 하고 나자 진정의 발걸음은 가벼웠다. 그리고 집을 떠난 지 사흘 만에 진정은 마침내 태백산에 도착할 수 있었다.

부석사 전경 | 676년 의상대사가 문무왕의 지원을 받아 창건했다.

수행도량으로 날아든 어머니의 부고

진정이 태백산에 도착했을 때, 의상은 태백산과 소백산 일대에서 설법을 펴고 있었다. 그는 당의 지엄智儼에게 배워온 화엄종을 신라에 전파시키기 위해서 노력 중이었다. 그 본격적인 계기가 바로 소백산 부석사의 창건이었다. 그러나 당시 부석사는 아직 창건되지 않은 상태였는데, 이러한 상황에서 진정처럼 의욕적인 출가 희망자는 의상의 눈에 일찍감치 좋은 재목감으로 두드러졌다. 진정은 바라던 대로 의상에게 의탁해 머리를 깎고 그의 제자가 될 수 있었다. 의상은 그에게 진정이라는 법명을 주었다.

이후 진정은 태백산에서 수행을 게을리하지 않았다. 스승인 의상은 몸을 씻은 뒤 수건을 사용하지 않고 마를 때까지 그대로 기다리는 세예법洗穢法을 강조했고, 법의 세 벌과 주발 하나 외에는 어떤 물건도 갖지 않는 수행을 실천했다. 또한 『화엄경』에 근거해 대중들을 구제하고자 신라 땅에 관음이 상주하고 있다는 주장을 폈다. 그리고 『관무량수경』에 근거해 아미타불이 신라인들을 내세에서 구원할 것이라는 확신도 심어주었다.

진정은 이러한 의상의 가르침을 따르며 속세에서의 번뇌를 끊고 해탈의 경지에 도달하기 위한 노력을 기울였다. 그것은 고향에서 힘겨운 생을 이어가고 계실 어머니와의 약속에 대한 실천이

송곳골의 통일신라시대 석조여래입상 ㅣ 1924년 영주시 풍기읍에서 발견되었다. 이곳에서 의상대사는 진정 어머니의 극락왕생을 위해 3천여 명을 모아 약 90일 동안 『화엄대전』을 강론했다고 한다(경상북도 유형문화재 제324호).

었고, 어머니가 돌아가시면 극락으로 왕생시켜드리기 위한 준비이기도 했다.

그러기를 3년. 어머니가 돌아가셨다는 소식이 수행 도량으로 날아들었다. 진정이 어머니를 극락으로 왕생시켜 드릴 때가 마침내

불교적 선행으로 써내려간 사모곡

찾아온 것이다. 가부좌를 틀고 선정禪定의 경지에 들어간 진정은 먹지도 움직이지도 않았다. 그것은 출가의 목적을 되새기며 어머니의 극락왕생을 빌기 위한 진지하고도 고독한 의식이었다. 그러기를 이레 만에 진정은 자리에서 일어났다. 이를 지켜본 어떤 이는 어머니를 잃은 슬픔을 견딜 수 없었기 때문에 참선을 통해 슬픔을 씻은 것이라 했고, 또 어떤 이는 선정에 들어가 어머니가 환생한 곳을 살피려 한다고도 했고, 어머니의 명복을 빌기 위해서라는 이야기도 있었다. 대체로 틀린 말들은 아니었으나, 수행이 높은 경지에 오른 진정에게 어머니를 향한 기원과 해탈을 향한 수행은 이미 하나였다.

의상의 원력으로 환생한 어머니

선정을 끝낸 진정은 스승인 의상에게 어머니가 돌아가셨다는 사실을 알렸다. 이레 동안의 선정으로 최선을 다했으니 스승께서도 어머니의 극락왕생을 위해 힘써달라는 무언의 암시였다. 아끼는 제자의 어머니가 각별한 사연을 안고 저세상으로 가셨으니 극락왕생을 돕는 것이 스승으로서의 도리라고 생각한 의상은 제자들을 거느리고 소백산의 추동錐洞으로 갔다. 거기서 의상은 풀을 엮어 막사를 짓고 무리 3,000명을 모아 약 90일 동안 『화엄대전華嚴大典』을 강론했다. 이 법회에서 의상은 불교 신앙과 효도의 문제를 집중적으로 설명했다.

의상이 이렇게 남다른 공력을 기울인 이유 중 하나는 그 역시 승려로서 효도를 실천하는 문제에 관심이 많았기 때문이다. 특히 불교가 현세를 외면하고 내세에 집착한다는 유학자들의 비판에 대응할 필요가 있었고, 당시 출가자의 고민으로 대두되었던 출가와 효도 사이의 딜레마에 대해서도 해명이 필요했다. 의상의 결론은 효도와 출가가 조화를 이룰 수 있다는 것이었다. 그의 관점에서 진정은 효도에도 최선을 다하고 수행에도 모범을 보인 셈이었다.

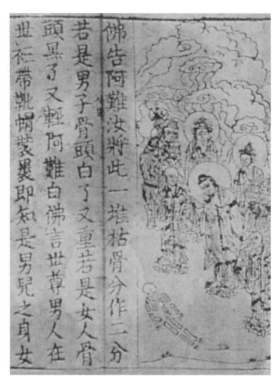

「불설대보부모은중경」 | 부모의 소중한 은혜에 대한 부처님의 가르침을 설한 경전이다.

또한 의상의 화엄종은 대중을 구제하는 실천적 수행에도 비중을 두고 있었다. 의상은 「일승법계연기론一乘法界緣起論」을 통해 전제왕권을 합리화하는 역할도 했으나, 소백산 일대에서의 활동은 무엇보다 대중의 구제에 목표를 두고 있었다. 대규모 법회를 연 가장 큰 목적은 진정 어머니의 극락왕생이었으나, 나아가 대중들에게 불교적 실천을 통해서 극락왕생할 수 있다는 신념을 심어주기 위해서이기도 했다. 추동 법회의 내용은 의상의 제자인 지통智通에 의해 『추동기錐洞記』라는 두

불교적 선행으로 써내려간 사모곡

권의 책으로 정리되어 세상에 알려졌다.

추동 법회가 끝난 뒤 진정은 꿈속에서 어머니를 만났다. 어머니는 자신이 이미 하늘에 환생했다고 알려주었다. 진정의 선정과 의상의 법회가 영험을 발휘해 진정의 어머니는 마침내 극락으로 왕생한 것이다.

어머니의 극락왕생으로 진정은 마음 한 구석의 짐을 털어내고 수행에 더욱 전념할 수 있었고, 그 결과 마침내 의상의 10대 제자 중 한 사람이 되어 이름을 날렸다. 이로써 부모에 대한 효와 불교적 선은 진정한 완성을 이루게 되었다. 어머니를 향한 끝없는 사랑이 아들의 집념 어린 수행과 어우러져 어머니를 정법의 길로 인도했고, 진정의 효를 보다 높은 수준으로 승화시킨 것이다.

| 이부오 |

참고문헌

민병하, 「삼국유사에 나타난 효선사상」, 『인문과학』 3 · 4, 성균관대학교 인문과학연구소, 1975
황패강, 『신라불교설화 연구』, 일지사, 1975
이기백, 『신라사상사연구』, 일조각, 1986
김영태, 「불교신앙의 전개양상과 생활세계」, 『한국사상사대계』 2-고대편-, 한국정신문화연구원, 1991
김두진, 「신라 의상계 화엄종의 효선쌍미 신앙」, 『한국학논총』 15, 국민대학교 한국학연구소, 1992
김두진, 「의상의 문도」, 『한국학논총』 16, 국민대학교 한국학연구소, 1993
정병삼, 「불교철학의 확립」, 『한국사』 9, 국사편찬위원회, 1998
김상현, 「삼국유사 효선편 검토」, 『동양학』 30, 2000

남의 아내를 범하려다
서방정토에 가다

광덕과 엄장

신라인의 사랑 이야기 중에는 불교적 내용을 소재로 하여 환상적인 에피소드를 자아낸 것이 많다. 그 중 『삼국유사』 감통편에 소개된 광덕光德과 엄장嚴莊 이야기는 특이하게도 한 여인을 두 친구가 아내로 삼은 관계를 보여주고 있어서 주목을 끈다.

둘도 없는 친구, 광덕과 엄장

신라 문무왕대(661~680)에 광덕과 엄장이 살고 있었다. 지금의 경주시 구황동에 자리한 분황사 서쪽 마을에 살던 광덕은 신 삼는 것을 업으로 삼았고, 경주 남산에 살던 엄장은 작은 규모나마 부지런히 농사를 지으며 살았다.

둘도 없는 친구 사이였던 두 사람은 재가승으로서 서방정토에 함

분황사 석탑 | 분황사는 원효대사가 머물렀던 곳이다. 그 서쪽 동네에 광덕 부부가 살았다(경상북도 경주시 구황리 소재, 국보 제30호).

께 가기를 염원했다. 엄장은 남산에 암자를 짓고 수행을 게을리하지 않았다. 광덕은 처자를 거느리고 있었으나, 그 역시 가족을 부양하는 것보다 수행을 더 중시했다. 광덕의 부인은 집에서 가까운 분황사에서 종살이를 하며 가족의 생계를 도왔다. 덕분에 광덕은 사람들에게 자신의 존재를 숨기고 수행에 몰두할 수 있었다.

신라에 처음 불교가 들어왔을 때 이를 받아들인 건 주로 왕족을 비롯한 귀족들이었다. 6세기에 들어 신라 중앙정부의 지배력이 커지면서 불교는 점차 서민들에게까지 퍼지기 시작했는데, 서민들은 미래에 출현해 중생을 구제한다는 미륵의 존재를 믿었다. 그러나 본래 국가 불교의 성격을 띤 미륵신앙은 중생의 구제와는 거리가 멀었고, 일반 서민들이 수행에 몰두하는 것은 더욱 흔치 않은 일이 었다. 그런데 어떻게 광덕과 엄장은 서민 신분으로 수행에 몰두할 수 있었던 것일까.

6세기 말에서 7세기 초를 거치면서 중국에서 들어온 아미타신앙 이 신라 전체에 퍼지기 시작했다. 특히 676년 삼국통일을 완성한 뒤, 신라 정부는 오랜 기간 전쟁으로 고통 받아온 민심 사로잡기를 가장 중요한 과제로 삼았다. 삼국통일을 이루어낸 문무왕의 유언에 는 "세금을 가볍게 하고 요역을 덜어 집집이 넉넉하고 백성들이 풍 요하여 곳간에 곡식이 산더미처럼 쌓였다."라고 되어 있지만, 모든 백성이 이를 공감했다고 보기는 어렵다. 신라 정부는 근본적으로 백성들의 마음을 달랠 수 있는 수단을 찾아야 했고, 이러한 맥락에 서 부각된 것이 바로 아미타신앙이었다. 아미타신앙의 대표 경전인 『무량수경』에 따르면, 아미타불阿彌陀佛의 이름을 소리내어 부르는 것만으로 누구나 아미타불이 있는 서방정토에 갈 수 있다고 한다. 때문에 백성들은 어느 사상보다 아미타신앙에 쉽게 다가갔고, 통일 이후 찾아온 국가적 안정은 백성들에게 아미타신앙을 추구할 만한 여유를 제공해 주었다.

광덕과 엄장은 각자 수행을 하면서도 매일 아침저녁으로 만나 서 방정토에 함께 가자고 다짐하곤 했다. 그리고 만일 둘 중 한 사람이 먼저 서방정토에 갈 경우에는 이를 반드시 상대방에게 알려주기로 약속했다.

암자에 혼자 살던 엄장에 비해 처자가 있는 광덕에게 수행은 쉽 지 않은 일이었다. 그러나 엄장과 맹세할 때 광덕은 가족을 전혀 고 려하지 않았고, 이러한 원칙은 맹세를 실천할 때까지 단 한 번도 흔

남의 아내를 범하려다 서방정토에 가다

들리지 않았다. 이는 광덕과 엄장의 맹세가 아내와 가족에 대한 사랑을 초월한 것이었음을 보여준다. 그렇다고 광덕이 우정을 지키기 위해 가족을 완전히 무시한 것도 아니었다. 아내에 대한 광덕의 사랑은 통속의 수준을 넘은 다른 차원의 것이었다.

광덕, 죽음과 함께 극락왕생하다

엄장은 힘든 농사일을 하면서도 암자에서 수행을 게을리하지 않았다. 하루 일이 끝난 밤에는 밤하늘을 바라보며 자신을 반성하고 채찍질하곤 했다. 광덕 역시 아내와 함께 십여 년을 살면서 수행에 매진했다. 낮에는 하루 종일 수십 개의 신을 삼는 고달픈 생활을 하면서도 밤이면 단 한 번도 거르지 않고 몸을 단정히 하고 바른 자세로 앉아 아미타불을 불렀다. 광덕은 아미타불, 즉 무량수불에게 자신의 소원을 빌며 이렇게 노래했다.

> 달아, 이제 서방을 거쳐 가시리잇고
> 무량수불 앞에 이 말씀 알려 사뢰소서
> 다짐 깊으신 존전에 우러러 두 손 모두고 꽃 드리고
> 원왕생 원왕생 그리는 사람 있다고 사뢰소서
> 아아, 이 몸을 예토에 남겨 두고
> 마흔여덟 가지 큰 서원을 이루시리이까

이 노래가 바로 「원왕생가願往生歌」이다. 여기서 달은 동쪽에서

떠올라 광덕이 바라본 하늘을 지나 서쪽으로 져서 서방정토의 아미타불 앞까지 가는 존재이다. 서방정토에 왕생하기를 바라고 아미타불을 계속 읊조리는 광덕이 있다는 사실을 전해달라고 달에게 간곡히 부탁하고 있는 것이다. '원왕생'을 외치며 서방정토에 가기를 열망하는 것은 당시 서민들 사이에서 유행하던 수행 방식이기도 했다.

원래 법장보살이었던 아미타불은 10겁劫 전에 마흔여덟 가지 큰 서원을 이루고 성불했다고 한다. 그 서원은 중생을 불행하고 고통스러운 현실로부터 구원한다는 내용을 담고 있다. 그러니 광덕은 자신을 구원하지 않고 이승의 예토穢土에 버려둔다면 이 마흔여덟 가지 큰 서원 자체가 무효라고 아미타불에게 항변하고 있는 것이다. 어찌 보면 억지를 부리는 것 같기도 하지만, 광덕의 항변에는 진심이 담겨 있었다.

여기에 그치지 않고 광덕은 마음을 통일하여 미혹을 살폈고, 서방정토의 진리를 관찰하는 방법인 열여섯 가지 관觀을 지어서 관이 무르익어 밝은 달빛이 지게문에 들이비치면 때때로 그 빛을 타고 올라가 가부좌를 틀고 앉아 있곤 했다. 피나는 수행이 영험을 발휘해 광덕은 일개 재가승에서 성불의 단계로 한 걸음씩 다가서고 있었다.

그러던 어느 날 광덕은 마침내 성불을 이루었고, 그의 영혼은 육체를 이탈해 서방정토로 출발했다. 그러나 광덕은 엄장과의 약속을 잊지 않았다. 석양이 붉은빛을 끌며 소나무 그늘에 고요히 저물어 갈 무렵, 엄장은 창 밖에서 들려오는 광덕의 목소리를 들었다. "나는 서방으로 가니 그대는 잘 지내다가 속히 나를 따라오라." 엄장이 문을 열고 나가 돌아보니 구름 밖으로 천악天樂이 울리고 광명이 땅에 드리워져 있었다.

한참동안 이를 주시하던 엄장은 과연 자신도 광덕을 따라갈 수 있을지 불안해졌다. 남편의 수행을 도왔던 광덕의 아내도 극락왕생의 순간에는 함께 하지 않았다. 이 대목은 광덕의 아내에게는 남편을 향한 아내로서의 사랑을 초월하는 또 다른 역할이 남아 있음을 짐작하게 한다.

광덕의 아내와 엄장의 결합, 그리고 사랑 방정식

절친한 친구의 도리라면 엄장은 즉시 분황사 서쪽에 있는 광덕의 집에 가서 그 육신을 살폈어야 했으나, 『삼국유사』 광덕엄장조에는 이 순간 엄장이 어떤 노력을 기울였는지 나와 있지 않다. 해질 무렵이라면 엄장이 살던 남산에서 분황사 서쪽까지 어렵지 않게 갈 수 있는 시간이었음에도 엄장은 그날 밤을 자신의 암자에서 보냈다.

당시 엄장은 극락왕생을 이루지 못했다는 자괴감과 자신도 빨리 광덕을 따라가야 한다는 강박감에 사로잡혀 있었을 것이다. 다른 한편으로는 이승에 홀로 남은 광덕의 부인에 대한 고민이 슬슬 고개를 들었고, 급기야 절친했던 친구의 아내를 홀로 두느니 자신이 거두면 어떨까 하는 생각까지 하게 되었다. 그러나 암자까지 짓고 수행하는 재가승으로서 남의 아내를 거둔다는 것도 선뜻 내키는 일은 아니었다. 엄장은 이런저런 생각에 밤새 뒤척였다.

날이 밝기 무섭게 엄장은 광덕이 살던 곳으로 찾아갔다. 이승을 떠난 광덕은 과연 싸늘하게 죽어 있었다. 엄장은 광덕의 아내와 함께 유해를 거두고 장사를 지냈다. 장례를 마친 엄장은 밤새 자신을 괴롭힌 문제를 광덕의 아내에게 털어놓았다. "남편이 죽었으니 나와 함께 사는 것이 어떻겠습니까?" 남편이 세상을 뜬 뒤 마음 추스르를 여유도 없었으나 광덕의 아내는 뜻밖에도 엄장의 제안을 선뜻 받아들였다.

아무리 절친한 친구 사이라 해도 남편 친구의 아내가 된다는 것은 상식적으로 납득이 가지 않는 일이다. 그러나 당시에는 일부종사의 윤리가 절대적이지 않았다. 고구려에도 형이 죽으면 동생이 형의 아내와 함께 산다는 소위 형사취수제가 존재했다. 이는 윤리관의 부재라기보다는 생존 전략의 하나로 생겨난 풍습이었다. 고대에 남의 아내를 빼앗는 사례가 종종 발견되는 것을 보면, 남편을 잃은 아내가 다른 남자의 아내가 되는 것은 충분히 납득할 만한 선택이었다. 광덕의 아내는 종으로 어렵게 사느니 차라리 엄장의 아내가 되어 어려운 세상을 헤쳐 나가는 데 도움을 받고자 했던 것이다.

곧 엄장은 광덕의 아내와 함께 잠자리에 들었다. 그리고 당연히 이제 자신의 아내가 된 광덕의 아내와 정을 통하려 했다. 그러나 아내는 이를 완강히 거부하며, 대신 "스님께서 서방정토에 가려는 것은 마치 물고기를 구하러 나무에 올라가는 것과 같습니다."라는 의미심장한 충고를 보냈다. 놀란 엄장은 "광덕은 이미 당신과 정을 통했으면서도 극락왕생을 이루었는데, 어찌 그것이 극락왕생에 방해가 되겠소?"하고 따져 물었다. 그러자 아내는 "남편은 나와 십여 년을 함께 살면서 단 하루저녁도 잠자리를 같이하지 않았습니다. 그러니 하물며 몸을 더럽혔겠습니까?"라며 광덕과 단 한 번도 통정한 적이 없다고 단언했다. 대신 광덕은 밤마다 가부좌를 하고 아미타불의 이름을 외며 16관을 지었고, 이처럼 정성을 다했기에 점차 성불의 경지에 들어갈 수 있었던 거라고 덧붙였다. 또한 천 리를 가는 사람은 그 첫 걸음으로 알 수 있으니, 만일 엄장이 지금처럼 관을 닦는다면 서방정토는커녕 동방으로 가기 십상이라고 일침을 놓았다.

엄장은 모든 소망이 무너지는 듯한 기분이었다. 단순히 통정을 거부당해서가 아니었다. 무엇보다 그는 광덕과 그 아내의 사랑이 자신의 생각과 너무 달랐다는 사실에 충격을 받았다. 그리고 극락왕생을 이룬 광덕의 수행이 자신의 그것과 비교할 수 없을 정도였다는 사실에 자괴감을 느꼈고, 자신이 밤새 고민해서 내린 결단이 오히려 극락왕생의 걸림돌이라는 사실에 부끄러움을 감출 수가 없었다. 끝내 엄장은 얼굴을 붉히며 광덕의 집을 뛰쳐나오고 말았다.

방황하는 엄장, 원효를 만나다

광덕의 집을 나온 엄장은 그 길로 원효대사의 처소로 향했다. 원효는 신라 화엄종을 발전시킨 의상과 함께 7세기 후반 신라 불교를 대표하는 인물이다. 엄장이 살았던 문무왕대에 원효의 나이는 대략 44세에서 64세 사이였다. 661년 의상과 함께 중국으로 유학을 떠났다가 도중에 머문 고분 속에서 모든 것이 마음먹기 나름이라는 깨달음을 얻고 유학을 포기하고 되돌아온 그는 662년에는 고구려를 공략하던 김유신이 당군과의 연합작전에서 받은 비표秘標를 해독해 주었고, 왕실의 지원으로 『금강삼매경론』을 저술하는 등 국가나 왕실과도 깊은 관계를 맺었다.

이 무렵 원효는 무열왕의 요석궁 과부 공주와 관계를 가져 유명한 설총을 낳았다. 그 후 파계를 선언하고 스스로를 소성거사小姓居士라 부르며 세속의 복장을 한 채 대중 교화에 나섰는데, 기괴한 모양의 박을 지니고 다니며 「무애가無碍歌」를 부르고 춤추며 천촌만락을 누볐다는 기록이 있다. 이때 원효가 가장 중시한 사상이 바로 정토신앙이었다. 원효는 스스로의 힘으로 성불할 수 없는 중생도 아미타불에 의지해 의심과 집착을 제거할 수 있다고 보았고, 이는 바로 광덕이 열중했던 수행법과 일치했다.

원효대사 영정 | 원효대사는 방황하던 엄장을 참된 수행의 길로 인도했다.

원효를 만난 엄장은 자신이 처한 위기를 어떻게 극복할 수 있는지 물었고, 이런 엄장을 위해 원효는 생각을 물들지 않게 하고 깨끗한 몸으로 번뇌의 유혹을 끊는 쟁관법錚觀法을 만들어 주었다. 쟁관법에 대한 자세한 내용은 『효사본전曉師本傳』과 『해동승전海東僧傳』에 실렸다고 하지만 전하지는 않는다. 다만 여기에 아미타불의 이름을 반복적으로 부르는 수행법과 마음속에서 번뇌를 끊는 방법이 포함된 것으로 보인다. 방황하는 엄장에게 원효의 가르침은 마음의 어둠을 꿰뚫는 한줄기 빛을 이루었다.

엄장의 극락왕생, 그리고 광덕의 아내

남산의 암자로 돌아온 엄장은 자신의 허물을 뉘우치고 마음을
다잡았다. 엄장은 몸을 정결히 하고서 원효대사가 지어준 관을 닦
기에 힘썼다. 엄장은 이제 혼자 수행할 수 있는 경지에 들어섰다.
그도 광덕처럼 아미타불의 이름을 부르며 날마다 '원왕생'을 반복
해 외쳤을 것이다. 그 노력이 결실을 거두어 어느 날 엄장도 서방

삼릉골 마애관음보살상 | 7세기 후반의 신라인들에게 관음보살은 극락왕생을 도와주는 존재로
인식되었다(경상북도 경주시 남산 소재).

정토에 오를 수 있었다.

엄장과 광덕이 서방정토로 가는 데 가장 결정적인 도움을 준 사람은 광덕의 아내였다. 『삼국유사』 광덕엄장조에 따르면 그녀는 세속적으로는 분황사의 종이었지만, 실제로는 관음보살의 19응신應身 중 하나였다.

관음보살은 고통에 빠진 중생이 부르면 즉시 소원을 들어주는 존재이다. 이를 위해 관음보살은 부처에서부터 부녀, 동남동녀에 이르기까지 19가지로 그 모습을 바꾸는데, 이를 응신이라고 한다. 그 중 광덕의 부인은 거사부녀居士婦女의 모습이었다.

광덕과 엄장 이야기는 현실 세계에서부터 세속을 초월한 세계에 이르기까지 사랑의 다양한 모습을 보여준다. 처음 엄장이 생각했던 것은 인간적인 부부애를 바탕으로 자연스럽게 정을 통하는 지극히 현실적인 사랑이었다. 그러나 이러한 생각이 무너지는 순간 광덕의 부인을 향한 엄장의 사랑은 산산조각이 났다. 반면 광덕은 아내와 성적 접촉이 전혀 없는 부부생활을 했으니, 그의 아내는 서방정토를 염원했던 광덕의 훌륭한 조력자였다. 광덕으로서는 아내를 비롯한 가족을 거느린 재가승이 가질 수 있는 가장 이상적인 사랑을 얻은 것이다.

이러한 차이는 사랑에 대한 당시 사람들의 시각이 어떠했는지 그대로 보여준다. 대부분의 사람들은 엄장처럼 현실적인 사랑을 추구했다. 사랑을 통해 정서적 위안과 생활의 안정을 추구했고, 성적인 쾌락을 누리려 했고, 때로는 사랑을 통해 세속적 권력을 얻고 싶어했다. 동시에 마음속으로는 세속을 초월한 지고지순하면서도 환상적인 사랑을 꿈꾸었다. 『삼국유사』 광덕엄장조는 이처럼 사랑

의 다양한 국면에 당시 서민들이 지녔던 극락왕생에 대한 열망을
담아 전하고 있다.

| 이부오 |

참고문헌

정주동, 「원왕생가에 대한 이설고」『국문학논문선』 1, 민중서관, 1977
황패강, 「원왕생가 연구」『삼국유사와 문예적 가치 해명』, 새문사, 1982
김상현, 「삼국유사 원효 관계 기록의 검토」『신라불교의 재조명』, 서경문화사, 1993
홍기삼, 「광덕 엄장 설화연구」『가산학보』 2, 1993
김상현, 『역사로 읽는 원효』, 고려원, 1994
김영미, 『신라 불교사상사 연구』, 민족사, 1994
정병삼, 「불교철학의 확립」『한국사』 9, 국사편찬위원회, 1998
최정선, 『신라인들의 사랑』, 프로네시스, 2006

용이 탐낸 아름다운 무녀

수로부인

현재까지 전하는 신라 향가 중에서 우리에게 비교적 잘 알려져 있는 것으로 「서동요」와 「헌화가」, 「처용가」를 들 수 있다. 이들 향가는 선화공주와 수로부인, 그리고 이름이 알려지지 않은 처용의 부인 등 모두 아름다운 여인들과 관련된 노래라는 공통점이 있다. 그 가운데 특히 「헌화가」는 단순히 수로부인의 아름다움을 노래한 것이 아니라 당시 신라의 정치적 · 사상적인 내용을 함축하고 있다는 점에서 더욱 의미가 있다.

경덕왕의 장모, 수로부인

수로부인이 누구인지 밝혀주는 구체적인 자료는 없다. 다만 수로부인의 남편이 순정공純貞公이라는 기록이 있으므로 이를 통해 그녀에 대한 실마리를 풀어야 한다. '순정'은 이름이고, '공'은 존칭이다. 공으로 일컬어진 것이나 하서주河西州의 장관이었다는 사실에서 그가 신라 진골 귀족이었음을 유추할 수 있다. 당시 '공'이라는 존칭은 신라 최고위급의 인물들에게만 사용되었고, 주의 장관은 진골 귀족에게만 해당되는 관직이었다.

문제는 '순정'이라는 이름이 수로부인 설화 이외의 다른 기록에는 보이지 않는다는 점에 있다. 다만 『삼국사기』와 『속일본기』에는 성덕왕대 활동한 인물로 김순정金順貞이라는 인물에 대한 기록이 있다. 수로부인의 남편인 순정공과 김순정은 각각 다른 한자를 사용하고 있지만, 발음이 같다. 신라의 인명에서는 발음이 같은 한자를 구별 없이 쓰는 경우가 많았고, 또한 김씨의 경우에는 성이 생략되기도 하였다. 가령, 경덕왕의 두 번째 장인인 김의충金義忠의 경우 『삼국유사』에는 의충依忠이라고 기록되어 있는데, 이는 '의'자를 발음이 같은 다른 한자로 쓰고 성을 생략한 것이다. 뿐만 아니라 순정공과 김순정은 모두 신라의 진골귀족이니 순정공과 김순정은 동일 인물이었을 것으로 보인다. 나아가 기록에 따르면 김순정은 이찬 伊湌을 거쳐 상재上宰까지 진출하였으니, 이를 통해 그가 신라 최고 위급 인물이었음을 확인할 수 있다.

한편 『삼국사기』에는 신라 경덕왕(742~765) 왕비의 아버지가 이찬 순정順貞이라고 기록되어 있다. 그런데 경덕왕에게는 두 명의 왕비가 있었다. 첫 번째 왕비는 자식이 없어서 폐위된 삼모부인三毛夫人이고, 두 번째 왕비는 만월부인滿月夫人이다. 이들 중 만월부인은 743년(경덕왕 2)에 경덕왕과 혼인하였고, 아버지는 서불한舒弗翰 김의충으로 기록되어 있다. 따라서 김순정은 경덕왕의 첫 번째 왕비 삼모부인의 아버지라고 할 수 있다. 그리고 수로부인은 삼모부인의 어머니이며, 경덕왕의 장모가 된다.

바다로 끌려간 아리따운 부인

『삼국유사』에는 수로부인과 관련된 두 가지 설화가 기록되어 있는데, 이 두 설화는 각각 「헌화가」와 「해가사」를 품고 있다.

성덕왕 때 순정공이 강릉지금의 명주 태수로 부임하는 길에 바닷가에서 점심을 먹었다. 그 곁에는 높이가 천 길이나 되는 바위 봉우리가 병풍처럼 바다를 둘러싸고 있고, 그 위에는 철쭉이 활짝 피어 있었다. 공의 부인 수로가 그것을 보고 주위 사람들에게 "저 꽃을 꺾어다 줄 사람이 없는가?"라 하고 물었다. 그러나 종자들은 "사람의 발길이 닿기 어려운 곳입니다."라며 모두 사양하였다.

마침 암소를 끌고 그 곁을 지나던 한 늙은이가 부인의 말을 듣고 그 꽃을 꺾어왔다. 그리고 가사를 지어 읊으며 부인에게 꽃을 바쳤다.

붉은 바위 가에
잡은 암소 놓게 하시고
나를 아니 부끄러워하시면
꽃을 꺾어 바치오리다.

다시 이틀 길을 더 가다가 임해정臨海亭에서 점심을 먹고 있는데, 홀연히 한 마리 용이 튀어나와 부인을 끌고 물속으로 들어가버렸다. 순정공은 허둥지둥 발을 구르며 야단을 쳤으나 아무런 방법이 없었다. 또 한 노인이 말하기를 "옛사람의 말에 여러 사람의 말은 쇠도 녹인다고 했으니, 바닷속의 미물인들 어찌 여러 사람의 입을 두려워하지 않겠습니까? 마땅히 이 지역의 백성들을 모아 노래를 지어 부르면서 막대기로 언덕을 두드리면 부인을 볼 수 있을 것입니다." 하였다. 공이 그 말을 따르니, 용이 부인을 받들고 바다에서 나와 바쳤다. 공이 부인에게 바닷속의 일을 물으니, 대답하기를 "칠보 궁전에 음식은 달고 부드러우며 향기롭고 깨끗하여 인간의 음식이 아니었습니다."라 하였다. 부인의 옷에서는 이상한 향기가 풍겼는데, 이 세상에서는 맡아보지 못한 것이었다.

수로는 용모와 자색이 매우 뛰어나 깊은 산이나 큰 못을 지날 때마다 여러 번 신물神物에게 붙들려 갔다. 이에 여러 사람이 해가海歌를 부르며 수로부인을 찾았다.

거북아! 거북아! 수로를 내놓아라
남의 부녀를 빼앗아 간 죄가 얼마나 큰가
네가 만약 거역하고 내놓지 않으면
그물로 잡아 구워 먹으리라!

『삼국유사』 권2, 기이2, 수로부인

수로부인 설화에 대한 새로운 해석

지금까지는 주로 수로부인의 아름다움에 초점을 맞추었지만, 최근 역사학계에서는 다양한 해석을 시도하고 있다. 그 중 가장 큰 호응을 얻고 있는 것은 수로부인의 무녀적 성격에 대한 해석이다. 이를 바탕으로 수로부인 설화를 새롭게 이해한다면 「헌화가」와 「해가사」는 모두 제의祭儀와 관련되어 만들어진 것이 된다.

먼저 「헌화가」가 만들어진 첫 번째 설화에서 높이가 천 길이나 되는 바위 봉우리가 병풍과 같이 바다를 둘러싸고 있는 장소는 인간으로서는 도달할 수 없는 곳, 다시 말해 신들의 신성한 영역이니 곧 제의를 지내는 장소라고 말할 수 있다. 자연히 노인이 끌고 온 암소는 제의와 관련된 제물로 이해될 수 있다.

경주 남산 용왕당의 용왕탱화 | 한국 고대에서 용은 물을 주관하는 용왕으로 인식했다.

용이 탐낸 아름다운 무녀

다음은 두 번째 사건과 관련된 설화이다. 예부터 우리나라를 포함한 농경사회에서 수로부인을 납치한 용은 수신, 즉 물의 신으로 인식되어 왔다. 특히 신라에서는 진평왕 50년(628) 여름에 가뭄이 크게 들자 시장을 옮기고 용의 형상을 그려서 기우제를 지냈다는 내용이 최초로 기록되어 있다. 농경사회에서는 시장이 번성하면 농사에 불길한 재앙이 생긴다고 믿었기 때문에 시장을 다른 곳으로 옮겼다. 또한 서해용왕이나 서해용녀에게 부탁하여 비를 내리게 하였다는 기록도 있는데, 용왕과 용녀는 모두 용의 다른 이름이었다.

수로부인 설화에 등장하는 용은 다분히 부정적인 성격을 띠는 악신惡神으로 분류되는데, 악신의 화를 달래기 위해서는 종종 위협이나 주술이 사용되었다. 수로부인 설화에서 보이는 막대기로 언덕을

신윤복의 무녀신무도 ㅣ 일반집에서 굿을 하고 있는 풍경이다. 전통시대에 무녀는 육체적·정신적 치료의 역할을 했다. 제의과정에서 무녀는 신에게 협박과 회유를 반복한다.

치는 방법도 그러한 주술의 하나였다. 설화 속의 막대기는 영험을 지닌 주술적 도구인 타구打具로 사용되었으며, 순정공을 비롯한 경내의 백성들은 막대기로 언덕을 두드려 후드득후드득 빗방울 떨어지는 소리를 흉내냄으로써 비를 기원하였다. 이러한 행위는 막대기가 주술적인 효력을 발휘해 용의 활동을 부르면 틀림없이 비가 내려 가뭄이 해소될 것이라는 믿음에서 비롯된 것이었다.

반면 「해가사」에서는 "그물로 잡아 구워 먹으리라."와 같은 방법으로 용을 위협하고 있다. 물의 신인 용을 위협하기 위해서는 물과 상극인 불로 구워 먹겠다는 위협이 적중했을 것이다. 또한 여기서 거북은 육지와 바다 모두를 오갈 수 있는 동물로, 육지에 있는 사람들의 소원을 수신水神에게 전달하고 수신의 의사를 인간에게 전해줄 매개자의 구실을 한다. 『별주부전』에서 토끼의 간을 구하기 위해 거북이 육지에 나온 것도 같은 맥락에서 이해할 수 있다.

한편 수로부인이 바다의 용에게 납치되는 것은 일종의 신명Ecstasy 현상이라고 할 수 있다. 다시 말해, 제의가 점차 열기를 더함에 따라 수로부인은 바다의 용에게 납치를 당하는 환상에 젖어들게 되었으며, 수로부인의 환상을 부추긴 것은 경내의 백성들이 쉬지 않고 규칙적으로 두들겨대는 막대 소리였다.

무속신앙으로 바라본 두 가지 사건의 세 가지 공통점

수로부인 설화에 등장하는 두 가지 사건에는 몇 가지 공통점이 발견된다. 첫째 모두 바닷가에서 발생하였다는 것, 둘째 점심을 먹을 때였다는 것, 셋째 노옹이 등장한다는 점이 그것이다. 우선, 두 가지 사건 모두 바다를 배경으로 하고 있다는 사실은 사건 당시 신라의 수도 경주에 살던 순정공이 강릉으로 부임하는 길이었고, 경주에서 강릉으로 가기 위해서는 동해안을 따라가는 여정이 가장 보편적이었다는 당시의 기록을 고려하면 쉽게 납득이 간다.

둘째, 각각 바닷가와 임해정에서 점심을 먹었다는 대목은 이 설화의 시간적 배경을 유추하게 한다. 이때의 점심晝饍은 일반인의 음식이 아니라 왕이나 천자와 동격인 신에게 제의를 행할 때 바치는 음식이다. 수로부인이 바닷속 칠보 궁전에서 먹었던 음식饍도 '달고 부드러우며 향기롭고 깨끗하여 인간의 음식이 아닌' 신에게 바치는 음식이었다.

셋째, 높이가 천 길이나 되는 바위 봉우리에 핀 철쭉을 꺾어다 바치는가 하면 바닷속으로 납치된 수로부인을 구출하는 방법을 알려주는 등 어려운 상황에 번쩍하고 나타나 문제를 해결해주는 노옹은 보통 사람으로서는 가질 수 없는 신비한 능력을 갖추고 있으니, 가히 신의 세계와 인간의 세계를 왕래하면서 양측의 의사를 전달하는 무격巫覡으로 이해할 수 있겠다.

그밖에 무녀인 수로부인의 '용모와 자색이 매우 뛰어났다'는 기록은 무녀로서 그녀의 능력이 매우 뛰어났음을 은유적으로 표현한 것이다. 무녀로서 그녀가 가진 능력은 수로라는 이름에서도 증명된다. 물길이라는 뜻의 '수로水路'는 물의 신과 관련된 「헌화가」의 제의와 결코 무관하지 않다. 또한 '깊은 산이나 큰 못을 지날 때마다 여러 번 신물에게 붙들려 갔다'는 대목은 다시 말해 깊은 산이나 큰 못을 지날 때마다 그곳에서 제의를 지냈던 것을 의미한다.

가뭄과 굶주림이 낳은 무녀 설화

수로부인 설화가 기록된 성덕왕702~737대는 삼국통일 이후 정치적으로는 안정되어 있었으나 성덕왕이 재위하던 36년 동안 크고 작은 천재지변이 모두 43회나 발생하였다. 그 중 아홉 번은 가뭄과 그로 인한 기아였다. 성덕왕 4년(705)에 가뭄이 들어 나라 동쪽의 주군에 흉년이 들자 굶주림에 지쳐 먹을 것을 찾아 방방곡곡을 떠돌아다니는 사람들이 속출했고, 성덕왕은 사신을 파견하여 이들을 도우려 하였다. 그러나 2년 연속 흉년이 계속되어 기근은 더욱 심해졌고, 국가에서는 굶주린 백성들에게 곡식을 나누어주고 죄수를 사면하였다. 계속되는 흉년과 기근은 정치적·사회적 불만으로 이어졌고, 이에 성덕왕은 백성들의 불만을 가라앉히면서 왕권을 강화하기 위해 순정공을 하서주 도독으로 파견하였다.

가야진 용신제 | 경상남도 양산시 원동면 용당리 가야진사에 모신 용신을 받드는 제의로 삼국시대부터 이어져 왔다(경상남도 무형문화재 제19호).

한편 중앙에서 파견된 순정공과 그의 부인인 무녀 수로부인은 하서주 지역에서 제의를 주도했다. 제의는 그 지역 주민들에 의해 이루어졌지만, 당시 아무리 사소한 제의라 해도 이를 주도한 것은 관, 곧 나라였다. 이는 정신적·사상적으로 지방민을 지배하여, 나라의 지배력을 더욱 강화하기 위한 수단이었다. 지역 주민들과 함께한 제의에서 수로부인은 무녀로서의 빼어난 능력을 발휘하여 흉년과 기근에 시달리던 주민들을 구제할 수 있었으니, 지역 주민들이 수로부인에 대한 고마움을 칭송하는 과정에서 그녀가 가진 주술적 능력을 외적인 아름다움으로 바꾸어 표현한 것이 아니었을까.

| 김덕원 |

김광순, 「헌화가 설화에 관한 일고찰」 『한국시가연구』, 형설출판사, 1981
최인표, 「『삼국유사』 수로부인조의 역사적 성격」 『한국전통문화연구』 8, 효성여대 한국전통문화연구소, 1993
제이 헤리슨 저, 오병남·김현희 공역, 『고대 예술과 제의』, 예진사, 1996
김흥삼, 「신라 성덕왕대의 왕권강화정책과 제의를 통한 하서주 지방 통치」 하 『박물관지』 4·5, 강원대 박물관, 1999
김흥삼, 「『삼국유사』 수로부인조의 제의적 성격과 구조」 『강원사학』 15·16, 2000
서영대, 「수로부인 설화 다시 읽기」 『용, 그 신화와 문화』, 민속원, 2002
김창겸, 「신라 중사의 사해와 해양신앙」 『한국 고대사 연구』 47, 2007

여인의 유혹에 넘어가 성불하다

노힐부득과 달달박박

신라의 백월산 동남쪽 선천촌이라는 마을에 노힐부득努肹不得과 달달박박怛怛朴朴이 라는 두 친구가 살고 있었다. 부득의 아버지는 월장月藏, 어머니는 미승味勝이라 하였으며, 박박의 아버지는 수범修梵, 어머니는 범마梵摩 라 하였다. 두 사람 모 두 풍채와 골격이 범상 치 않았는데 세속을 떠 날 생각이 서로 일치해 좋은 친구가 되었다.

스무 살이 되자 두 사람은 마을의 동북쪽 고개 너머에 있는 법적 당으로 가서 머리를 깎 고 스님이 되었다. 그리

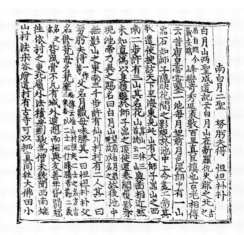

『삼국유사』 노힐부득 달달박박 | 아름다운 여인의 해산을 도와주고 성불한 두 친구의 이야기가 적혀 있다.

고 얼마 후 두 사람은 서남쪽의 치산촌 법종곡法宗谷 승도촌에 있는 옛 절이 정신을 수련하기에 그만이라는 소문을 듣고 함께 찾아가 대불전과 소불전이라 불리는 두 마을에 각각 정착하게 되었다. 부득은 회진암懷眞庵 혹은 양사壤寺에서, 박박은 유리광사琉璃光寺에서 각각 지내게 되었는데, 모두 혼인을 하여 처자식과 함께 살면서 농사를 지었다.

인생무상을 깨닫고 골짜기로 들어간 두 친구

서로 왕래하며 쉬지 않고 정신과 마음을 닦던 부득과 박박. 그러나 일반인들과 다를 바 없이 살다보니 어느 순간 육신과 인생의 무상함을 생각하게 되었다. 결국 어느 날 이들은 아예 인간 세상을 벗어나 깊은 골짜기에 숨기 위해 백월산 무등곡으로 들어가버렸다.

서로 말하기를 "기름진 땅과 풍년든 해가 진실로 좋지마는 의식이 생각하는 대로 생기고 절로 배부르고 따뜻함을 얻는 것만 못하고 부녀와 집이 참으로 좋지만 연화장蓮花藏 세계에서 여러 부처가 앵무새, 공작새 등과 서로 즐기는 것만 못하니 하물며 불도를 배우면 마땅히 부처가 되어야 하고 진리를 닦으면 반드시 진리를 얻어야 하는데 지금 우리는 이미 머리를 깎고 스님이 되었으니 마땅히 몸에 얽매인 것을 벗어버리고 무상無上의 도를 이루어야지 어찌 풍진에 매몰되어 속세의 무리와 다름없이 지낼 수 있겠는가."라고 하였다. 드디어 이들은 인간 세상을 떠나 장차 깊은 산과 골짜기에 숨으려 했다.

그러던 어느 날 밤 꿈속에 하얀 빛이 서쪽으로부터 오더니 빛 한가운데에서 금색 팔이 내려와 두 사람의 이마를 만져주는 것이었다. 잠에서 깨어 서로 꿈 이야기를 나누다 보니 두 사람의 꿈이 같았으므로 둘은 감탄을 금치 못했다. 그리고는 결국 백월산 무등곡으로 들어가고 말았다.

『삼국유사』 권3, 탑상4, 노힐부득 달달박박

두 사람이 숨어 들어간 백월산은 과연 어떤 곳일까. 『백월산성도기』에는 백월산은 신라 구사군의 북쪽에 있고 옛 굴자군으로 지금의 의안군이라고 하였다. 여기에서 백월산은 지금의 경남 창원시 북면 월촌리와 동읍의 경계에 있는 산을 말한다. 구사군은 애초에 굴자군으로 불리다가 경덕왕대에 의안군으로 이름이 바뀌었다.

두 스님을 시험한 아름다운 여인

백월산 무등곡에 들어간 이후 부득과 박박 두 사람은 각각 미륵불과 아미타불을 구하기 위해 열심히 수도하였다. 즉, 박박은 무등곡 북쪽 고개의 사자암을 차지하여 8척 크기의 판잣집을 짓고 살았으므로 판방板房이라 했으며, 부득은 동쪽 고개의 첩첩한 바위 아래 물이 있는 곳에 터를 잡고 승방僧房을 만들어 살았으므로 돌무더기방[磊房]이라 했다. 각자 다른 암자에 살면서 부득은 부지런히 미륵불을 구했고, 박박은 아미타불을 예배하면서 염송하였던 것이다.

이렇게 보면 두 사람이 성불을 추구하는 방향이 달랐다는 것을 알 수 있다. 부득은 미륵불을 구했다고 하는데 미륵신앙은 미륵불이 지상에 내려와 중생들을 설법하여 구제할 때 참가하기를 희구하는 것이다. 그리고 박박이 추구한 아미타신앙은 아미타불을 지성으로 염송하면 사후 극락세계에 왕생한다는 내세신앙이다. 같은 시기에 살았고 성불을 위해 출가하였지만 추구하는 방법은 달랐던 것이다.

두 사람의 수도 생활도 큰 차이가 있었다. 박박의 경우 여인을 멀리하면서 애써 외면하고자 하였는데, 이는 여색女色과 회동하지 말고 여색을 보는 것도 삼가며 함께 말도 하지 말고 소녀·처녀·과부 등과 말을 하지 말라는 계율에 충실한 행동이었다.

3년이 채 못 된 경흥 8년 기유己酉 4월 8일 성덕왕 8년이다. 어느 날 날이 저물 무렵 나이 스무 살쯤 된 아름다운 자태의 한 여인이 난초의 향기와 사향을 풍기면서 뜻하지 않게 박박이 수도하는 북쪽 암자에 와서 묵기를 청하였다. 이내 글을 지어 이르기를,

"갈 길 지체되고 해가 산 속에 떨어져 어두우며 길은 막히고 성은 사방으로부터 멀리 떨어져 있네. 오늘 암자에 묵고자 하오니 자비로운 스님께서 제

관음보살상 | 관음보살은 자비로 중생을 제도하는 역할을 한다 (국립경주박물관 소재).

발 노하지 마십시오."

이에 박박이 "난야는 청정을 지키는 것을 의무로 삼으니 그대가 가까이 할 곳이 아니오. 이곳에 지체하지 마시오."하고는 들어가 안으로 버렸다.

『삼국유사』 권3, 탑상4, 노힐부득 달달박박

반면 부득은 힘들게 자신을 찾아온 여성이 비록 부녀자일지라도 홀대하는 것은 중생을 이끄는 수행자로서 옳은 처신이 아니라고 생각하여 기꺼이 암자 안으로 여인을 들였다.

박박을 찾아왔던 아름다운 자태를 가진 여인은 곧 남쪽의 암자로 돌아가 다시 앞서 박박에게 한 일과 똑같이 부득에게 청하게 되었다. 그러자 부득이 "그대는 어디로부터 이 야심한 밤에 왔소?" 하고 물으니, 여인이 "고요하고 맑기가 우주의 근원과 같은데, 어찌 오고감이 있겠습니까? 다만 현명한 스님께서 바라는 뜻이 깊고 덕행이 높고 굳다는 것을 듣고 장차 도와서 정각의 지혜菩提를 이루어 드리려 할 뿐입니다." 하였다. 이에 한 수의 게偈를 지어 이르기를,

"깊은 산길에서 날은 저문데
가도 가도 사방은 끊어져 있네.
대나무와 소나무의 그늘은 한층 그윽하고
골짜기를 울리는 시냇물 소리 한층 새롭네.
부디 길을 잃어 묵는 것이 아니라
존경하는 스님을 인도하고자 하오니
제발 저의 청을 들어주시고

여인의 유혹에 넘어가 성불하다

제가 누구인지 묻지 마십시오."

부득이 듣고 놀라며 이르기를 "이곳은 부녀자가 더럽힐 곳이 아니오. 그러나 중생을 이끌고 따르는 일 역시 수행菩薩行의 하나인데, 하물며 궁벽한 산골에 밤이 어두우니 어찌 홀대할 수야 있겠소?" 하며 여인을 맞아 절한 뒤 암자 안에 머물게 하였다. 밤이 되자 부득은 마음을 맑게 하고 지조를 가다듬어 희미한 등불 아래에서 염송에만 전념하였다.

『삼국유사』 권3, 탑상4, 노힐부득 달달박박

이때 부득을 찾아온 아름다운 여인은 공교롭게도 이미 임신한 상태였다. 마침 여인은 해산기가 있어 부득에게 도움을 청하였고 부득은 여인의 해산과 목욕을 기꺼이 도왔다. 부득의 마음에는 부끄러움과 두려움이 교차하였다. 그러나 불쌍한 생각이 자꾸 떠올라 통을 준비하고 그 안에 여인을 앉히고 물을 데워 목욕을 시켰다.

조금 지나 통 속의 물에서 강한 향기가 풍기더니 물빛이 이내 금색으로 변하였다. 깜짝 놀라는 부득에게 여인이 함께 목욕하기를 권하니, 부득은 마지못해 그 말을 따랐다. 홀연히 정신이 상쾌해지는 것을 깨닫고 문득 제 몸을 살피니 어느 틈에 살갗이 금빛으로 변해 있었고 옆에는 문득 연

감산사 석조 미륵보살 입상 ㅣ 신라 성덕왕 18년(719) 김지성이 부모의 명복과 국가의 안녕을 기원하기 위해서 조성하였다.

화대가 생겼다. 여인이 그에게 앉기를 권하면서 말했다. "나는 관음보살인데 이곳에 와서 스님이 지혜를 얻고자 하는 노력에 도움을 주고자 한 것이다." 말을 마친 여인은 곧 연기처럼 사라져 버렸다.

여인의 해산은 바로 성인聖人의 탄생을 의미한다. 결국 부득은 자비로운 행위 덕분에 아름다운 여성으로 화한 관음보살의 도움을 받아 그토록 갈구하던 미륵불을 얻을 수 있었다.

함께 성인이 된 부득과 박박

부득이 관음보살에 의해 성불한 사이 박박은 여인을 멀리한 것에 대해 은근히 우쭐해하면서 부득의 암자를 찾았다. 박박이 생각하기에 부득은 분명 여인을 받아들여 계를 더럽혔을 것만 같았다. 하지만 박박이 막상 부득의 암자에 도착했을 때 모든 것은 자신의 생각과는 정반대였다. 부득은 놀랍게도 미륵존상으로 성불하여 금빛을 발하며 연화대에 앉아 있었던 것이다. 이에 놀란 박박은 부득에게 그 연유를 물었고 이를 전해들은 박박이 자신도 성불할 수 있도록 해달라고 부득에게 부탁하면서 부득의 자비심으로 인해 결국 박박도 성불할 수 있었다.

박박은 여인을 멀리한 것에 대해 혼자 우쭐해하면서 이르기를 "부득이 분명 여인을 만나 계를 더럽혔을 것이니 내가 가서 비웃어주리라." 하며 이를 확인하기 위해 그의 암자로 향했다. 하지만 박박이 막상 부득의 암자로 갔을 때 모든 것은 자신의 생각과는 너무나 판이하였다. 즉,

부석사 소조여래좌상 | 우리나라 소조불상 가운데 규모나 역사적으로 가치가 크다(경상북도 영주시 부석사 소재, 국보 제45호).

부득은 놀랍게도 미륵존상이 되어 금빛을 발하며 연화대에 앉아 있었다.

이에 박박은 그 자신도 모르게 머리를 조아려 예를 드리면서 부득에게 그 연유를 물었다. 그러자 부득이 밤새 일어났던 일들을 자세히 설명해 주었다. 박박은 탄식하며 말하기를 "나는 마음에 거듭 장애가 있어서 대성을 만나고도 도리어 만나지 못한 것이 되었다. 대덕은 자애에 도달하여 나보다 먼저 뜻을 이루었으니 부디 옛날의 약속을 잊지 말고 나도 함께 할 수 있도록 해주시오." 하였다.

이에 이르기를 "통에 남은 물이 있으니 목욕할 수 있다." 하였다. 박박이 부득의 말에 따라 또 목욕했더니 부득과 마찬가지로 무량수아미타불를 이루고 두 존상이 서로 엄숙하게 마주 앉게 되었다. 산 아래 마을 사람들이 이 소식을 듣고 다투어 와서 우러러보고 감탄하였다. 두 성인은 이들을 위하여 설법해준 뒤 온 몸으로 구름을 타고 올라가 버렸다.

『삼국유사』, 권3, 탑상4, 노힐부득 달달박박

신라 속의 사랑 사랑 속의 신라

한 여인에 대한 부득과 박박의 서로 다른 태도는 당시 불교의 모습을 서로 다른 측면에서 설명할 수 있게 해준다.

박박은 자신의 수도 정진을 위해 여인을 배척했던 반면, 부득은 계율을 깨고 그 여인을 절 안으로 받아들여 해산을 돕고 목욕까지 시켜주었다. 그리하여 부득이 먼저 성불을 이루는데, 이로써 불교의 진정한 정신은 계율에 대한 집착이 아니라 대중에 대한 자비심이라는 가르침을 얻을 수 있다. 나아가 먼저 성불한 부득이 자신에게 매달리는 박박을 내치지 않고 그의 성불을 돕는다는 마지막 대목도 불교의 자비사상이 무엇인지 깨닫게 해준다.

| 김선숙 |

참고문헌

황패강,『신라불교설화연구』, 일지사, 1975
김영태,『신라불교연구』, 민족문화사, 1987
불교사학회 편,『신라미타정토사상연구』, 민족사, 1988
고익진,『한국고대불교사상사』, 동국대출판부, 1989
김영태,『삼국시대 불교신앙 연구』, 불광출판부, 1990
장지훈,『한국고대미륵신앙연구』, 집문당, 1997
길태숙 외,『삼국유사와 여성』, 이회문화사, 2003

왕실의 몰락을 부른 아들 타령

경덕왕과 만월부인

얼마 전까지만 해도 산부인과 앞에서 볼 수 있는 진풍경이 여럿 있었다. 문을 확 열어젖히며 웃고 나오는 사람과 별 표정의 변화없이 무덤덤하게 나오는 사람. 아기의 첫 울음소리가 들릴 무렵 재빨리 분만실 앞으로 달려가 첫 번째 질문을 던진 가족들의 말, '사내아입니까, 계집아이입니다.' 지금은 한국이 세계적으로 유명한 저출산의 대표적인 나라여서 따질 것이 없지만, 불과 얼마 전까지 흔히 볼 수 있었던 풍경이다.

신라는 우리 역사상 유일하게 여자가 왕위에 올랐던 나라이다. 선덕여왕 · 진덕여왕 · 진성여왕은 신라 56명의 임금에 당당히 들어갔다. 신라는 여왕이 나라를 지배할 수 있는 자격과 원칙이 엄연히 있었던 나라였다. 그런데도 아들을 낳기를 노심초사하였던 임금이 있었다. 그가 바로 경덕왕이다. 재산도 남녀에게 골고루 상속하였던 그 때, 경덕왕은 왜 그토록 애닯게 아들 낳기를 고대하였는지 그 이유를 들어보자.

아들을 얻으려 다시 혼인한 경덕왕

하늘의 허락을 얻어 왕위에 오른 임금은 어짊과 현명함으로 덕화德化를 이루고 태평성대를 열어야 성군이 될 수 있다. 하지만 대를 이을 자손을 얻지 못한다면 태평성대를 열 수 없기에 후사를 잇는 문제는 어느 임금에게나 절박한 문제였다. 신라의 경덕왕도 이 문제로 골머리를 앓았다. 절박한 심정으로 아들을 기다린 경덕왕의 이야기는 『삼국사기』와 『삼국유사』에 자세히 전한다.

경덕왕. 김씨, 이름은 헌영이다. 아버지는 성덕왕이고 어머니는 소덕대후이다. 첫째 비는 삼모부인三毛夫人인데, 후사가 없어 궁궐에서 나왔다. 둘째 비는 만월부인滿月夫人으로, 시호는 경수왕후이며 의충 각간의 딸이다.

『삼국유사』 권1, 왕력

왕의 음경은 길이가 8촌이었는데, 아들이 없어서 당시 왕비를 폐하여 사량부인沙梁夫人으로 삼고 새로 부인을 맞이하였다. 새 부인은 만월부인인데, 의충 각간의 딸이다.

『삼국유사』 권2, 경덕왕 충담사 표훈대덕

기록에 따르면 경덕왕에게는 부인이 둘이었다. 첫째 부인이 삼모부인혹은 사량부인이었고, 둘째 부인은 만월부인이었다. 삼모부인은 아들을 낳지 못했다는 이유로 궁궐에서 나왔고, 뒤이어 만월부인이 궁궐에 들어갔다. 경덕왕은 음경의 길이가 무려 8촌(27센티미터)이었을 만큼 대단한 정력가였다. 때문에 아들이 없는 탓은 온전히 부인

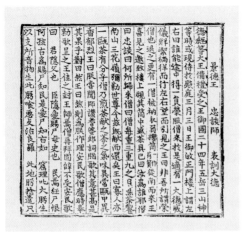

「삼국유사」 경덕왕 충담사 표훈대덕 ｜ 경덕왕의 부탁을 받은 표훈
대덕이 상제에게 사정하여 아들 혜공왕을 얻었다.

에게 돌아갔다.

경덕왕이 새로 맞이한
만월부인의 만월은 빛으
로 충만한 보름달을 의미
한다. 해는 양기인 남자를
상징하고 달은 음기인 여
자를 상징하니 달 중에서
도 보름달인 만월부인은
누구보다도 음기가 가득
하였고, 누가 보아도 아들
을 갖는 데 적격이었다.

새로 부인을 맞이하면
서, 이제 본격적으로 아들을 얻기 위한 경덕왕의 공들이기가 시작
된다. 하늘의 허락을 받아야만 임금을 얻을 수 있다는 믿음에 따라
우선 그는 하늘님의 마음을 읽으려 했다.

어느 날 경덕왕이 표훈表訓 스님을 불러 "내가 복이 없어 아들이 없으
니, 스님은 상제上帝에게 말하여 아들을 낳게 해주시오."라고 부탁하였
다. 표훈은 당시 불국사에 있으면서 항상 천궁天宮을 왕래하였다. 하늘
에 올라간 표훈이 천제天帝를 만나 경덕왕의 뜻을 전하였다. 이윽고 땅
으로 내려온 그는 경덕왕에게 나아가서 "상제는 '딸은 괜찮지만 아들은
어렵다'고 하였습니다."고 전하였다. 이에 경덕왕은 "딸을 바꿔 아들을
낳게 해주기를 진정 원한다."고 힘써 말하였다.

「삼국유사」 권2, 경덕왕 충담사 표훈대덕

경덕왕은 천제의 허락을 얻기 위해 불국사에 머물던 표훈을 왕궁으로 불렀다. 그것은 표훈이 이전부터 천제가 있던 천궁을 자주 왕래하여 천제에게 자신의 의도를 충분히 전할 수 있다고 믿었기 때문이다. 경덕왕은 표훈에게 은밀히 자신이 새로운 부인을 맞이한 이유를 전하며, 천제의 도움으로 아들을 얻고자 하였다.

경덕왕의 부탁을 받고 하늘에 올라간 표훈은 천제에게 경덕왕의 노력과 소망을 소상히 말하며, 그의 뜻이 이루어질 수 있는지를 확인하였다. 하지만 천제는 경덕왕이 아들을 낳을 수 없다고 하였다. 이 말을 전해 들은 경덕왕은 궁궐로 들어온 표훈에게 다시 한 번 자신의 뜻과 의지를 천제에게 전해달라고 졸라댔다.

하늘에 올라간 표훈은 천제에게 경덕왕의 간절한 뜻을 다시 한 번 전하였다. 이에 천제는 "그렇게 할 수는 있지만, 만약 아들을 낳게 되면 나라가 위태로울 것이다."고 하였다.

『삼국유사』 권2, 경덕왕 충담사 표훈대덕

마침내 천제는 경덕왕의 요청을 받아들여 딸을 아들로 바꾸어주기로 하였다. 여기에는 나라가 위태로워질 것이라는 한 가지 위험한 조건이 있었다. 그러나 제아무리 위험한 조건이라도 경덕왕의 아들 욕심을 막을 수는 없었다.

마침내 표훈이 땅으로 내려가려고 하자, 천제는 표훈을 불러 "하늘과 사람 사이를 문란해서는 안 되는데, 대사가 지금 하늘과 사람 사이를 이웃처럼 오가며 천기를 누설하고 있으니 이제 다시는 다니지 말라." 하고

엄하게 꾸짖었다. 표훈은 내려와 경덕왕을 만나 천제의 허락을 전하였다. 경덕왕은 "나라가 비록 위태롭더라도 아들을 얻어 후사를 이으면 그것으로 충분합니다."고 하였다.

『삼국유사』 권2, 경덕왕 충담사 표훈대덕

경덕왕은 오직 자신의 소망대로 아들을 얻을 수 있다는 기쁨에 사로잡혀 천제가 표훈에게 하늘을 오가며 천기를 누설하지 못하도록 했다는 말은 마음속에 담아두지 않았다. 얼마 후 만월부인은 드디어 아들을 낳았고 경덕왕은 세상을 다 얻은 기분이 되었으니, 여기에는 나름의 이유가 있었다.

끝내 아들만을 고집했던 경덕왕의 속셈

경덕왕이 세상을 떠난 뒤 그의 아들 혜공왕은 여덟 살의 어린 나이로 왕위에 올랐다. 그런데 경덕왕에게는 혜공왕말고도 다른 왕자들이 있었다.

혜공왕 김씨. 이름은 건운이다. 아버지는 경덕왕이며, 어머니는 만월왕후이다. 첫째 비는 신파부인으로 위정 각간의 딸이고, 둘째 비는 창창부인으로 김장 각간의 딸이다.

『삼국유사』 권1, 왕력

혜공왕은 이름이 건운이고 경덕왕의 적자이다. 어머니는 김씨 만월

부인으로 서불한 의충의 딸이다. 왕이 즉위할 때 8세였으므로, 태후가
섭정하였다.

『삼국사기』 권9, 혜공왕 즉위년

경덕왕이 그토록 간절히 바라던 아들 건운의 어머니가 만월부인
이었으니, 건운은 경덕왕의 적자였다. 그런데 경덕왕은 적자 건운
외에 이미 여러 아들을 두고 있었다. 그가 그토록 아들 타령을 하고
왕위를 적자에게만 물려주고자 한 이유는 무엇이었을까. 다음의 기
록에서 그 해답을 찾아보자.

경덕왕의 이름은 헌영이고 효성왕의 동생이다. 효성왕이 아들이 없
어 헌영을 태자로 삼았으며 왕위를 계승하였다. 비는 이찬 순정의 딸
이다.

『삼국사기』 권9, 경덕왕 즉위년

경덕왕은 성덕왕의 아들이었지만, 형인 효성왕이 성덕왕을 이어
왕위에 올랐으므로 왕위를 계승할 가능성은 적었다. 그러나 효성왕
이 아들이 없었기에 경덕왕이 태자로 책봉되어 형을 이어 즉위하였
다. 성덕왕 역시 형인 효소왕이 아들을 두지 못한 채 죽자 동생으로
서 왕위에 올랐다.

아버지의 경험이 아들에게도 이어진 탓일까? 둘째 아들이었던
경덕왕은 자신의 즉위에 비추어 적자이자 첫째 아들에게 왕위를 넘
겨 줄 심산이었다.

경덕왕의 아버지 성덕왕은 원래 김원태의 딸인 엄정왕후 혹은 배

소왕후와 혼인했다가 다시 김순원의 딸인 소덕왕후 혹은 점물왕후와 혼인하였다. 효성왕은 성덕왕의 둘째 아들로 소덕왕후의 소생이었고, 경덕왕은 소덕왕후의 둘째 아들이자 성덕왕의 셋째 아들이었다. 성덕왕은 엄정왕후 사이에서 첫째 아들인 중경을 낳았고, 그에게 왕위를 넘겨줄 생각으로 재위 13년 12월에 중경을 태자로 삼았다.

그러나 중경은 3년 남짓 지난 16년 6월에 그만 세상을 떠나고 말았다. 성덕왕 23년 봄 성덕왕은 효성왕을 태자로 삼았고, 13년 뒤 효성왕은 왕위에 올랐다. 아버지 성덕왕이 중경을 통해 왕위를 이

경덕왕릉 | 봉분을 두르고 있는 호석에 조각된 12지신상이 아름답다(경상북도 경주시 내남면 부지리 소재, 사적 제23호).

신라 속의 사랑 사랑 속의 신라

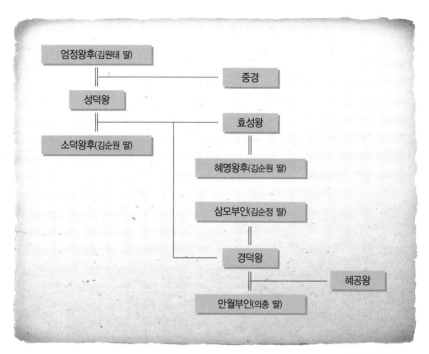

경덕왕 가계도

으려 했던 것처럼 경덕왕도 만월부인을 통해 적자이자 첫째 아들을 낳아 왕위를 이었다. 그런데 여기에는 보다 특별한 이유가 있었다.

성덕왕의 둘째 부인인 소덕왕후의 아버지 김순원 각간은 자신의 딸을 성덕왕의 아들인 효성왕에게도 시집보냈다. 이리하여 김순원의 두 딸은 시어머니와 며느리 사이가 되었고, 두 명의 왕을 사위로 삼은 김순원의 위세는 대단하지 않을 수 없었다.

효성왕의 예기치 않은 죽음으로 왕위에 오른 경덕왕에게는 외할아버지이자 형의 장인인 김순원이 부담스러운 존재였고, 임금의 위상과 권위를 내세우려면 김순원의 영향력을 제어하는 것이 유리했다. 그런데 자신의 장인인 김순정도 만만치 않은 세력이었다.

일본의 역사서인 『속일본기續日本紀』에는 혜공왕 10년(774) 3월 일본에 간 신라 사신 사찬 김삼현金三玄이 다자이부大宰府에서 일본 관리에게 옛날에 김순정이 상재上宰 벼슬에 있으면서 일본에 우호 친선의 조처를 취한 것과 그의 손자 김옹金邕이 현재도 주요 정치세력으로 있음을 밝힌 기록이 있다. 김순정은 신라의 대일본 외교를 이끌며 정국을 주도하였고, 그것은 손자인 김옹에게도 이어졌다. 일본까지 명망이 알려졌던 김순정과 김옹 집안은 즉위의 정통성을 부각하고 왕실의 안녕을 도모하며 왕권을 강화하고자 했던 경덕왕에게는 무척이나 부담스런 존재였다. 더욱이 김순정 집안은 경제적으로 상당한 부를 거머쥐고 있었다.

> 신라 제35대 왕 경덕왕이 천보 13년 갑자년경덕왕 13년(754)에 황룡사 종을 주조하여 만들었는데, 종의 길이는 1장3촌이고 두께가 9촌이며 무게는 49만7581근이었다. 황룡사종을 만든 시주자는 효정孝貞 이간과 삼모부인이었다. 종을 만든 장인은 이상택里上宅의 하전下典이었다.
>
> 『삼국유사』 권3, 황룡사종 분황사약사 봉덕사종조

경덕왕 13년에 왕은 황룡사 종을 만들었는데, 시주자는 효정 이간과 삼모부인이었다. 혜공왕은 경덕왕 24년에 8살의 나이로 즉위하였으므로, 그가 태어난 때는 경덕왕 18년쯤 될 것이고, 만월부인이 경덕왕과 혼인한 시기는 이보다 일렀을 것이다. 경덕왕 13년이면, 아직 삼모부인이 왕비로 궁궐에 있을 때였다.

삼모부인이 시주한 재화로 만든 종은 엄청난 크기였다. 기록에

성덕대왕 신종 | 이른바 '에밀레종'으로 불리는 이 종은 역사와 규모, 소리의 우아함, 조형미에서 '국가대표'로 평가받는다.

보이는 1촌이 지금의 도량형으로는 대략 3.33센티미터이므로, 종의 두께는 30센티미터쯤 된다. 1근은 현재 600그램이므로, 무게 49만 7,581근은 2억 9,854만 8,600그램, 다시 말해 298톤쯤이다.

에밀레종으로 더 유명한 성덕대왕신종은 높이 3.33미터, 입지름 2.27미터, 두께 2.4센티미터 정도이다. 이 종은 경덕왕이 아버지 성덕왕의 명복을 빌기 위해 만들다가 미처 완성을 보지 못하고 죽자, 아들 혜공왕이 재위 7년(771) 12월에 완성하였다. 성덕대왕신종은 구리 12만근을 들여 만들었는데, 이는 대략 72톤에 달하는 무게이다. 이에 비해 황룡사종은 성덕대왕신종에 비해 무게는 무려 4배가 넘고, 두께는 13배쯤 된다.

삼모부인은 경덕왕이 만든 종보다 훨씬 큰 종을 만들도록 시주하였다. 그의 경제력은 왕실의 재정을 훨씬 넘는 상당한 규모였다. 즉 위의 정통성을 고민하던 경덕왕에게 재산이 어마어마한 부인은 위험인물이었다.

경덕왕은 재위 16년에 전국의 군현 명칭을 바꾸었고, 18년에는 관부·관직의 명칭 역시 모두 바꾸었다. 이는 중국의 문물과 제도를 받아들인 이른바 한식漢式 개혁의 일환이었고, 나아가 중국 왕조의 유교이념을 구현하고자 하는 조처였다. 여기에는 자연히 왕을 중심으로 한 체계적인 질서를 구축하려는 의도가 담겨 있었고, 구체적으로는 순원·김순정 등 왕실과 인척 관계를 맺은 귀족세력을 배제하면서 왕권을 강화하려는 경덕왕의 의도가 들어 있었다. 그리고 그것은 후사를 이을 적자의 탄생이라는 이유를 강조하며 삼모부인을 궁궐에서 내쫓기에 충분한 이유가 되었다. 대신 경덕왕은 효성왕 즉위 직후 왕실을 도와 시중에 올랐던 의충의 딸 만월부인을

왕후로 맞이하였고, 재위 19년에 건운을 태자로 책봉하여 이러한
왕권강화가 계속 이어지기를 희망하였다.

혜공왕의 죽음, 아들 타령은 왕실 몰락의 자충수

이렇게 하여 혜공왕이 왕위에 오르긴 했지만 나이가 너무 어려서
태후가 대신 왕정을 맡았다. 그런데 왕후의 섭정이 이루어지던 때,
천제의 경고 때문인 듯 나라 안에는 여러
이변들이 나타나기 시작하였다.

강주지금의 진주에서는 관청 주변 땅이
점점 꺼져서 가로 13척, 세로 7척에 달
하는 못이 만들어졌고, 갑자기 잉어
대여섯 마리의 몸이 연달아 커지면서
못도 덩달아 커지는 이변이 일어났
다. 혜공왕이 즉위한 지 2년째 되던
해에는 하늘에 두 개의 해가 떴고,
다리 다섯 달린 송아지가 태어나기
도 했다. 그리고 서울 동쪽 누각 주
변과 황룡사 주변에 머리는 항아리
만 하고 꼬리가 3척이나 되는 별똥
별이 떨어졌다. 왕성 북쪽 뒷간이
나 봉성사 밭 사이에서는 갑자기
연꽃이 피기도 하였고, 궁성 안

사천선전리 신라비 | 혜공왕때 건립되었다.
비문에 보이는 '天雲大王'은 혜공왕의 재위시
존칭이다.

에 호랑이가 들어왔다가 온데간데 없이 사라져버리는 일도 벌어졌다. 연이은 이변에 수도 경주 사람들의 민심은 매우 불안해졌다. 경주뿐만이 아니었다. 금포현의 논에서는 벼가 때아닌 이삭을 냈고, 북궁 뜰 안에 세 개의 별이 떨어져 모두 땅속으로 들어갔다. 이러한 이변들은 머지 않아 신라에 큰 위기가 닥칠 것을 알려주는 조짐이었다.

영문을 알 수 없는 이변들에 이어 이번에는 임금에 대한 심각한 반발이 일어나기 시작했다.

> 어느날 각간 대공大恭의 집 배나무 위에는 참새가 셀 수 없이 모였다. 너무도 많은 이변이 일어나자 혜공왕은 "변괴가 있을 때 천하에 큰 병란 兵亂이 일어난다."는 『안국병법安國兵法』 하권의 말을 들어 자숙하면서 반성하였다.
>
> 『삼국유사』 권2, 혜공왕

각간 대공의 집 배나무 위에 참새가 모였는데, 혜공왕은 이변을 보고는 병란이 일어날까 노심초사하였다. 배나무 위에 참새가 모인 이변은 과연 적중했다. 혜공왕 4년(768) 7월에 일길찬 대공은 아우 대렴大廉과 함께 마침내 반란을 일으켰다. 그들은 왕궁을 33일이나 에워싸며 대항하였다. 33일 동안 혜공왕은 왕궁을 지키며 반란군과 맞서야 했다. 대공의 반란은 왕실과 왕권에 대한 도전, 신라 사회의 혼란을 알려주는 시작에 불과했다.

각간 대공의 반란이 일어난 뒤 수도 경주는 물론이고 신라 전역에서 모두 96명의 각간이 서로 세력을 다투었고 자연히 나라는 매우 어지러워졌다. 반란의 소용돌이 속에서 각간 대공은 패배하였고, 그의 집에 있던 보물과 비단 등은 왕궁으로 옮겨졌다. 신성新城의 장창長倉은 불에 탔고 사량沙梁과 모량牟梁에 보관해두었던 반란무리의 보물과 곡식도 모두 왕궁으로 옮겨졌다. 반란으로 인한 혼란은 불과 석 달만에 그쳤지만, 피해자의 수는 헤아릴 수 없을 정도였다. '나라가 위태로울 수도 있다.'는 천제의 계시가 그대로 실현된 셈이다.

이변과 혼란은 여기서 그치지 않았다. 혜공왕 16년(780) 4월 혜공왕은 김지정金志貞이 반란을 일으키자 이를 진압하던 중 반란군에 의해 목숨을 잃었다.

『삼국유사』를 찬술한 일연은 그토록 아들을 소원했던 경덕왕의 이야기 뒤에 이러한 말을 남겼다.

혜공왕은 원래 여자였는데 경덕왕의 요청으로 남자가 되었다. 그는 태어나서부터 왕위에 오를 때까지 항상 부녀자들이 하는 것처럼 비단 주머니 차기를 좋아하였고 도사와 함께 희롱하였다. 자연 나라는 크게 어지러워졌다. 그러던 어느 날 반란이 또 일어났는데 반란병은 왕궁에 쳐들어가 혜공왕을 죽였다.

『삼국유사』 권2, 경덕왕 충담사 표훈대덕

신라에는 선덕여왕·진덕여왕·진성여왕 등 세 명의 여왕이 있었다. 일연은 이들에 대한 기록도 『삼국유사』에 담았는데, 선덕여왕의 현명함을 그린 선덕왕지기삼사善德王知幾三事조에서 볼 수 있듯이 여왕을 긍정적으로 묘사하였다. 신라를 멸망에 이르게 했다고 평가되는 진성여왕에 대해서도 멸망의 이유는 진성왕이 아니라 유모인 부호부인과 남편 위홍 각간의 횡포 때문이라고 하였다.

여자인 혜공왕을 남자로 태어나게 한 사람은 경덕왕이었다. 그는 왕실의 권위를 강조하고 왕권을 강화하기 위해 억지로 혜공왕의 탄생을 조작했고, 그것은 당시 상당한 재력을 갖추었던 귀족세력의 반발을 불러일으키고도 남을 만한 처사였다. 때문에 혜공왕이 왕위에 오른 뒤, 귀족세력들은 왕실의 권위를 무시하며 서로 다투었고 마침내 혜공왕을 살해하면서 왕실이 사실상 몰락하는 계기를 만들었다.

혜공왕은 왕실을 이어나갔지만, 천기를 바꾼 경덕왕의 모험은 왕실의 몰락을 부른 자충수가 되었던 셈이다. 이처럼 경덕왕의 아들 타령의 바탕에는 왕권과 귀족의 정치적 갈등을 중심으로 한 신라의 역사상이 담겨 있다.

| 장일규 |

참고문헌

이기백, 『신라정치사회사연구』, 일조각, 1974
김두진, 『의상-그의 생애와 화엄사상』, 민음사, 1995
이영호, 『신라 중대의 정치와 권력구조』, 경북대 박사학위논문, 1996
김수태, 『신라중대 정치사 연구』, 일조각, 1996

불국사와 석굴암

김대성

경주하면 불국사와 석굴암이 가장 먼저 떠오른다. 비단 경주뿐 아니라 우리나라 전체를 대표하는 이 두 문화재를 조성한 것은 신라 경덕왕대의 인물 김대성이었다. 그가 불국사와 석굴암을 조성한 것은 단순히 신앙심의 발로였을까. 『삼국유사』 효선편에 그 사연이 기록되어 있다.

김대성은 모량리에서 가난한 홀어머니 경조慶祖의 아들의 아들로 태어났다. 머리가 크고 이마가 평평한 성처럼 생겼다고 하여 대성大城이라 불렸다. 어려서부터 집이 너무 가난한 탓에 김대성은 같은 마을에 사는 부자 복안의 집에서 고용살이를 하여 간신히 생활을 유지하였고, 복안은 성실한 김대성에게 약간의 밭을 떼어주었다. 그 밭은 가난한 김대성 모자의 유일한 안식처요, 재산이었다.

어느 날 고승 점개漸開가 복안의 집에 와서 흥륜사에서 육륜회를 베풀려 하여 시주를 부탁하자, 부자 복안은 베 50필을 스님에게 내주었다.

스님은 기뻐하여 "어른께서 이렇게 아끼지 않고 시주하시니 천신이 항상 보호하고 지켜주실 것입니다. 한 가지를 시주하면 내세에 억만 배의 복을 받는다고 합니다." 하고 여러 번 합장하였다.

이 이야기를 엿들은 대성은 당장 어머니에게 달려가 말했다. "주인집에서 일을 하다가 흥륜사 스님의 말씀을 듣자오니 하나를 시주하면 만 배의 복을 받는다고 하였습니다. 우리가 지금 이렇게 고생을 하는 것은 전생에 아무것도 시주하지 않았기 때문인지도 모르겠습니다. 그러니 지금 또 시주하지 않는다면 다음 세상에는 지금보다 곤란한 생활을 하게 될 것입니다. 어머니, 제가 고용살이로 받은 밭을 법회에 보시해 뒷날의 복을 짓는 게 어떻겠습니까?" 하였다. 그의 어머니도 찬성하여 그 밭을 시주하였다.

그런데 얼마 지나지 않아 어처구니없게도 대성은 죽었다. 정신 나간 대성의 어머니가 죽은 아들을 붙들고 울부짖고 있을 때 서울 장안에서는 이상한 일이 생겼다. 하늘에서 장안의 재상 김문량의 집을 향해 "모량리 김대성이 너의 집에 태어날 것이다." 하는 명령이 떨어진 것이다. 김문량과 집안사람들은 모두 놀라서 모량리로 사람을 보내 알아보도록 했다. 하늘에서 명령이 떨어진 그 시간은 모량리의 가난한 아들 김대성이 죽은 바로 그 시간이었다. 곧 태기를 느낀 김문량 부인은 그로부터 열 달 후 아들을 낳았다. 그런데 태어난 아기가 왼손을 꼭 쥐고 절대 펴는 일이 없다가 꼬박 이레가 지나자 마침내 손바닥을 폈는데, 거기에는 대성이라는 두 글자가 새겨진 금패가 들어 있었다. 김문량 부부는 아기 이름을 그대로 김대성이라 짓고 정성을 다해 길렀다. 그리고 홀로 남은 모량리 김대성의 어머니도 집으로 데려와 편안하게 살도록 하였다.

『삼국유사』권5, 효선 대성효이세부모

삶과 죽음을 넘나드는 효자 이야기

위의 기록은 전생과 현생 부모에 대한 효도 이야기로 정리될 수 있다. 이는 당시 신라 사회에서 효가 참으로 중요한 덕목이었음을 드러내주는 기록이기도 하다.

이와 유사한 효 이야기는 『현우경賢愚經』 권 1 바라내인신빈공양품波羅㮈人身貧供養品 4에도 등장한다. 전생에 바라나시에 사는 한 장자의 아들로 태어났던 한 사람이 있었으니, 아버지가 돌아가고 집안이 빈궁해지자 호성豪姓을 버리고 나그네가 되어 부처님과 스님들에게 공양할 돈 천 냥을 구하기 위해 떠돌아다녔다. 그러다가 우연히 만난 한 호성의 도움으로 마침내 공양을 할 수 있게 되었다. 그 공덕으로 목숨을 다한 뒤에 부귀한 집에 태어나게 되었는데, 태어나면서부터 도를 알고 말을 할 줄 알았다. 아이는 부모에게 부처님과 스님들을 공양하고자 하는 뜻을 아뢰면서 집을 깨끗이 청소한 다음 높은 의자 세 개를 만들어달라고 하였다. 또한 전생의 어머니가 바라나시에 살아 계시니 본인을 위해 그 어머니를 데려와 모시게 해달라고 부탁하였는데, 그가 부탁한 높은 의자 세 개는 여래와 본생모, 그리고 현재의 어머니를 위한 것이었다.

김대성의 환생은 복안의 집을 찾은 흥륜사 점개 스님의 말을 듣고 육륜회에 보시를 한 데서 비롯되었다. 나무를 깎아 만든 목륜으로 점을 치는 점찰법 중 하나인 육륜상을 행하는 법회인 육륜회는 윤회전생과 밀접한 관련이 있다. 점찰법에는 세 가지 방법이 있다. 숙세夙世에 진 업의 선악을 점치는 십륜상, 그 강약을 점치는 삼륜상, 1부터 18까지의 숫자를 새긴 여섯 개의 간자를 세 번 던진 다음

불국사 전경 | 불국사 대웅전에 이르기 위해서는 청운교와 백운교를 거쳐 자하문을 지나야 한다. 옆에 있는 연화교와 칠보교를 통해서는 극락전으로 갈 수 있다(경상북도 경주시 진현동 소재, 사적 제1호).

거기에 나타난 수를 합쳐 그것으로 삼세 중에 받는 과보를 점치는 육륜법상이 그것이다. 이 가운데 과거보다는 현재와 미래에 대한 관심이 높았던 신라 중대에 가장 유행했던 것은 육륜법상이었다. 이는 시주를 통해 어머니를 편한 자리로 모시고 본인 또한 보다 나은 처지에서 다시 태어나게 된 김대성의 설화에서도 잘 드러난다.

　김대성의 설화에 대해 이야기할 때 또 하나 빼놓을 수 없는 것은 바로 인과응보의 주제이다. 당시 골품제라는 엄격한 신분제도를 근간으로 이루어진 신라 사회에서 공덕을 베푼 결과 진골귀족 가문인 김문량의 집에 다시 태어나 신분상승을 이루게 되었다는 김대성 이야기는 빈궁한 처지에 있었을 기층민에게도 보시를 하면 내세에는 영화를 누릴 수 있다는 인과응보 사상을 되새기게 해주었을 것이다.

석굴암 전경 | 토함산 중턱에 화강암을 이용하여 인공적으로 만든 석굴이다. 애초에 석가여래상을 중심으로 그 주위 벽면에 40구의 불보살상이 있었는데, 지금은 38구만이 남아 있다(경상북도 경주시 진현동 소재, 국보 제24호).

전생 부모를 기리는 불국사, 현세 부모를 기리는 석굴암

자라면서 대성은 그 무엇보다 사냥을 즐겼다. 어느 날 토함산에 올라간 김대성은 곰 한 마리를 발견하고 도망치는 곰을 악착같이 쫓아가 잡았다. 그러나 그날 밤 꿈속에 낮에 잡은 곰이 귀신의 모습으로 나타나 호통을 쳤다. "이놈! 그렇게도 살려고 애쓴 나를 왜 죽였느냐? 이번에는 내가 너를 죽이겠다." 말을 마치기 무섭게 곰은 입을 쩍 벌리고 날카로운 발톱을 치켜들며 대성에게 덤벼들었다. 대성은 도망치려 했으나 손과 발이 말을 듣지 않았다. 곰이 눈에 불을 켜고 이를 갈며 덤벼드니 대성은 할 수 없이 그 자리에 엎드려 싹싹 빌었다. "무… 무엇이라도 해드릴 테니 제발 목숨만 살려주십시오." 이 말에 곰은 기분이 조금 풀렸는지 한 발 물러서면서 말했다. "만일 나를 위해 절을 지어준다면 살려줄 것이다." 그렇게 하기로 굳게 약속을 하고 잠에서 깨어보니 대성의 온몸은 땀에 푹 젖어 있었다.

그 뒤 대성은 다시는 생명을 죽이지 않기로 스스로 결심하고 정성스레 죽은 곰의 장례를 치러주었다. 그리고 약속대로 곰을 처음 발견했던 곳에 절을 지어주었는데, 그곳이 바로 토함산 정상이요, 절 이름은 장수사라 하였다. 이 일을 계기로 크게 발원한 대성은 현세 부모[김문량 내외]를 위하여 불국사를 창건하고 전세부모[경조부인]를 위하여 석굴암을 창건하였다. 그리고 신림과 표훈 두 성사에게 청하여 두 곳에 각각 거주하게 하였다. 나아가 불상의 설비를 크게 펴서 양육의 수고를 갚았으니 한 몸으로 두 세상의 부모에게 효도한 것은 예나 지금이나 드문 일이었다. 착한 보시의 영험을 어찌 믿지 않겠는가.

『삼국유사』 권5, 효선 대성효이세부모

이렇게 하여 불국사와 석굴암이 탄생하였다.

그나저나 이 설화의 주인공 김대성은 과연 실존 인물이었을까. 김대성은 경덕왕대 집사부의 장인 중시를 역임한 대정大正과 동일 인물로 보인다. 『삼국사기』의 기록을 살피면 대정이 중시를 지낸 시기는 경덕왕 5년부터 9년(745~750)까지이며, 그의 부친인 김문량도 성덕왕 5년부터 10년(706~711)까지 중시를 지낸 문량文良으로 파악된다.

김대성이 관직에 있으면서 중시로 활동한 시기는 경덕왕대 전반기에 해당된다. 경덕왕은 전제왕권을 행사한 신라 중대의 마지막

신라 속의 사랑 사랑 속의 신라

왕이었고, 그 후반기부터 전제왕권은 서서히 무너졌다. 신라 중대의 집사부는 왕정의 기밀 사무를 관장하여 전제왕권과 아주 긴밀한 관계였고, 그리하여 중시는 왕의 아우나 왕자 등 왕과 가까운 친척 중에서 임명되는 경우가 많았다. 이렇게 볼 때 김대성도 왕실과 매우 밀접한 관계에 있었음을 짐작할 수 있다.

김대성이 불국사와 석굴암을 창건하기 시작한 것은 중시에서 물러난 다음 해인 751년부터였다. 다음의 석굴암 조성 기록을 보자.

> 대성이 석불을 조각하기 위해 커다란 바위 하나를 다듬을 때였다. 감실의 뚜껑을 만들던 중 돌이 갑자기 세 조각으로 갈라졌다. 대성은 원통함을 이기지 못하다가 이내 잠이 들었는데, 그 사이 천신이 내려와 다 만들어놓고 돌아갔다. 잠자리에서 일어나 이를 확인한 대성은 남쪽 고개로 쫓아가 향나무를 태워 천신을 공양하고, 그곳을 향령이라 하였다. 불국사의 운제와 석탑은 돌과 나무에 조각한 기공이 동도의 여러 절 가운데 가장 빼어난 것이다.
>
> 옛 향전에 기재된 것은 이상과 같으니 절의 기록에는 경덕왕 때 대상 대성이 천보 10년 신묘7(751)에 처음으로 불국사를 세우다가 혜공왕 때를 지나 대력 9년 갑자(774) 12월 2일에 대성이 죽자 이를 국사에서 완성하였다 한다. 처음에는 유가 대덕 항마를 청해 이 절에 거주하게 하였으며, 그를 계승하여 지금에 이르렀다고 하여 고전과 일치하지 않는 부분이 있으나 어느 것이 옳은지는 정확히 알 수 없다.
>
> 『삼국유사』 권5, 효선 대성효이세부모

위의 기록으로도 알 수 있듯이 석굴암 공사는 순조롭지 않았다.

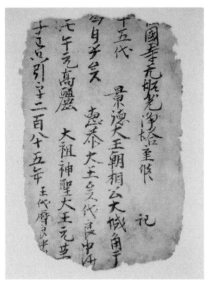

석굴암의 감개龕蓋를 만들다가 돌이 셋으로 갈라진 것을 대성이 분노하면서 잠들었더니 천신이 내려와 다 만들어놓고 갔다는 기록을 소개하였는데, 이를 통해 경덕왕 후반부터 혜공왕대를 거치는 정치적 격변의 와중에 대규모 불사에는 많은 어려움이 있었음을 알 수 있다. 그리고 천신이 내려왔다는 구절은 곧 특별한 국가적인 지원이 있었음을 상징하는 것이 아닐까.

석가탑 중수기 | 1966년 석가탑 해체 수리 때 탑신부 2층에 안치된 사라함에서 발견되었는데, 경덕왕 때 재상 김대성이 불국사를 건립한 사실이 적혀 있다.

이와 관련하여 유홍준은 천신이 아니라 김대성이 잠든 틈을 타 석공들이 완성시켰다고 해석하였다. 다시 말해 석공들이 스무 개의 쐐기돌을 박아 천장 덮개 돌을 얹었다는 것이다. 그리고 여기에는 지루한 공사를 빨리 마무리하고 싶었던 석공들의 욕망이 담겨 있다.

불국사가 언제 완성되었는지는 명확하지 않으나 김대성이 그 완성을 보지 못하고 죽은 것은 확실하다. 그가 죽자 국가에서 공사를 계속하여 완공시켰다. 이는 불국사 건축이 전제왕권과 밀접한 관련이 있는 것으로 해석할 수 있다. 불국사를 완성하여 불국토의 세계를 현실로 구현하려는 왕실의 의도와 맞물려 있었던 것이다. 다시 말해 두 사찰은 김대성의 효심에서 비롯된 것이지만 여기에는 당시 왕실과의 밀접한 관계가 숨어 있었다.

정치적 위기를 신앙으로 극복하고자

불국사와 석굴암. 이 엄청난 대 역사를 창조한 것이 과연 김대성이라는 한 개인이라고 말할 수 있을까. 이에 대하여 김대성은 왕명을 받들어 그 창건을 담당한 인물에 지나지 않는다는 주장도 있다. 석굴암의 경우, 중앙에는 석가여래의 좌상이 안치되어 있고 그 둘레에는 여러 보살상과 나한상이 조각되어 있으며, 입구에는 사천왕상이 배치되어 있어 본존인 여래를 중심으로 하는 완벽한 통일과 조화의 세계를 느낄 수 있게 한다. 따라서 본존은 귀족 관료들에 의하여 옹위되고 있는 국왕으로 파악해도 무리가 없을 것이다.

그렇다면 불국사와 석굴암은 어쩌면 정치적 위기에 몰린 경덕왕이 불교신앙의 힘을 빌려 이를 타개할 목적으로 창건한 것이 아닐까.

| 조범환 |

참고문헌

김상현, 「석불사 및 불국사 연구」『불교연구』 2, 1986
유홍준, 『나의 문화유산 답사기』 2, 창작과 비평사, 1994
박남수, 「김대성의 불국사 조영과 그 경제적 배경」『불국사의 종합적 고찰』, 신라문화선양회, 1997
곽승훈, 「석굴암 건립의 정치·사회적 배경」『석굴암의 신연구』, 신라문화선양회, 2000

물고기가 맺어준 인연

연화부인과 무월랑

인간의 삶에 미치는 자연환경의 영향은 무시할 수 없다. 동양에서는 전통적으로 하늘이 왕을 내린다는 믿음을 갖고 있었고, 여기서 하늘이란 곧 자연의 힘을 가리키기도 한다. 다시 말해 왕이 될 인물은 다른 사람들이 갖지 못한 신이한 능력의 소유자이며, 그 능력은 하늘에서 받은 것으로 생각하였다. 따라서 왕위의 즉위과정과 관련된 기록에는 자연환경과 관련되어 논리적으로는 설명할 수 없는 신이한 이야기가 많이 전한다.

큰비가 내려 왕위를 빼앗기다

신라 제37대 선덕왕이 왕위를 물려줄 아들이 없이 죽자 왕위를 놓고 김주원金周元과 김경신金敬信의 경쟁이 시작되었다. 당시 유리한 위치에 있었던 것은 김주원이었지만, 결과적으로 김경신이 승리하여 원성왕으로 즉위하였다. 김경신이 왕위에 오를 수 있었던 것은 강물의 범람, 즉 수해 때문이었다.

선덕왕이 죽자 아들이 없었으므로 여러 신하들이 의논한 후 왕의 조카뻘[族子]되는 주원을 왕으로 세우려 하였다. 이때 주원은 서울 북쪽 20리 되는 곳에 살았는데, 마침 큰비가 내려 알천閼川의 물이 불어나 건널 수가 없었다. 한 사람이 말하기를 "임금의 큰 지위란 본디 사람이 어떻게 할 수 있는 것이 아니다. 오늘의 폭우는 하늘이 혹시 주원을 왕으로 세우기를 꺼려함이 아니겠는가. 지금의 상대등 경신은 전 임금의 아우로 본디 덕망이 높고 임금의 체모를 가졌다." 라고 하였다. 이에 여러 사람들의 만장일치로 그로 하여금 왕위를 잇게 하였다. 얼마 후 비가 그치니 온 나라 사람들이 만세를 불렀다.

『삼국사기』 권10, 신라본기10, 원성왕 즉위년

『삼국사기』에 따르면 김경신이 즉위할 수 있었던 것은 갑자기 큰비가 내려 알천북천의 강물이 범람하였기 때문이라고 하지만, 『삼국유사』에는 김경신의 꿈을 덧붙여 기록하여 왕위계승과 관련한 전후 사정을 자세히 엿볼 수 있다.

이찬伊湌 김주원이 맨 처음 상재上宰가 되고, 왕[김경신]은 각간角干으로서 상재의 다음 자리에 있었는데, 꿈에 김경신이 머리에 쓴 두건을 벗고 흰 갓을 쓰고는 열두 줄 거문고를 잡고 천관사天官寺 우물 속으로 들어갔다. …(중략)… [아찬阿湌 여삼이] 말하기를 "두건을 벗은 것은 위

경주 북천 ㅣ 지금은 작은 하천으로 전락했지만, 신라시대에는 홍수로 종종 범람했다.

에 앉는 이가 없음이요, 흰 갓을 쓴 것은 면류관을 쓸 징조요, 열두 줄 거문고를 든 것은 12대 자손에게 왕위를 전할 징조요, 천관사 우물에 들어간 것은 궁궐로 들어갈 상서입니다.”라고 하였다. 이에 왕이 “위에 주원이 있는데 내가 어찌 왕위에 오를 수 있단 말이오?”라고 묻자 아찬은 “비밀리에 북천의 신에게 제사를 지내면 가능할 것입니다.” 하였다. [왕은] 그대로 따랐다.

얼마 안 되어 선덕왕이 세상을 떠나자 나라 사람들은 김주원을 받들어 왕으로 삼아 장차 궁으로 맞으려 하였다. 그런데 갑자기 냇물이 불어 북천의 북쪽에 살던 그는 건널 수가 없었다. 이에 왕이 먼저 궁에 들어가 왕위에 오르자 상재 무리들이 모두 와서 따르고 새로 오른 임금에게 축하를 드리니, 이가 원성대왕이다.

『삼국유사』 권2, 기이2, 원성대왕

김주원은 당시 왕위계승 후보 중에서 가장 유력한 제1의 인물이었으나 알천의 물이 범람하는 바람에 왕궁에 갈 길이 막혀 결과적으로 제2의 후보였던 김경신에게 왕위를 빼앗기고 말았다.

김경신은 비록 김주원을 제치고 왕위에 올랐으나 행여 김주원이 반란을 일으키지 않을까 염려하였고, 김주원 역시 원성왕으로 즉위한 김경신이 자기를 죽이지 않을까 하는 두려움에 떨면서 지냈다. 즉 두 사람의 정치적인 관계는 원성왕으로 즉위한 김경신의 승리로 일단락되었지만, 그 후에도 두 사람은 서로를 의식하지 않을 수 없었다.

이러한 상황에서 김주원은 경주를 떠나서 명주溟州, 지금의 강릉로 낙향하였고, 원성왕은 그를 명주군왕溟州郡王으로 봉하였다.

부모님의 로맨스를 찾아 낙향하다

김주원이 명주로 낙향한 데는 개인적인 이유가 있었다. 그것은 그의 아버지와 관련된 설화에서 확인할 수 있다.

신라시대에 한 서생書生이 명주에 유학을 왔다가 한 양가집 아름다운 처녀를 보고 한눈에 반하여 그 처녀에게 사랑하는 마음을 고백하였더니 그 처녀가 말하기를 "당신이 과거에 급제하면 당신의 소원을 들어주겠습니다."라고 하였다. 서생은 그 말을 듣고 분발하여 열심히 공부한 결과 과거에 급제하였다.

한편 처녀의 집에서는 자기 딸에게 이런 숨은 사연이 있는지도 모르

어변성룡도 | 물고기가 용으로 변하듯이, 과거에 급제하기를 기원하는 의미를 담고 있다.

고 딸을 다른 곳으로 시집 보내려 하였다. 처녀의 집 북쪽에 양어지養魚池가 있어 처녀는 무료할 때마다 이 연못에 가서 물고기에게 먹이를 주며 돌보았다. 처녀의 부모들은 일방적으로 혼담을 추진시키는데 전에 약속한 서생에게서는 아무 소식이 없자 애가 탄 처녀는 연못에 가서 "고기야! 네가 내 마음을 알아준다면 이 글을 님에게 전해다오!"라고 천에 글을 적어 연못에 던지니 물고기 한 마리가 펄쩍 뛰어올라 삼켜버렸다.

며칠 후 서생이 서울의 한 시장에서 큰 물고기 한 마리를 사와 배를 가르니, 그 속에서 처녀의 글이 담긴 천이 나왔다. 서생은 그 길로 강릉 처녀의 집을 찾아가 전후 사정을 이야기하며 천을 꺼내 보였다. 처녀의 부모는 이를 매우 기이하게 여겨 "이야말로 천생연분이다." 하며 둘을 결혼시켰다. 이 서생은 무월랑無月郎, 그 처녀는 연화부인蓮花夫人이라고 전한다.

『동사강목』

위의 설화에 등장하는 무월랑은 바로 김주원의 아버지 김유정金維靖 또는 惟正의 호이다. 설화에는 그가 명주에 유학을 왔다고 되어 있지만, 그 시기가 언제였으며 왜 그곳에 갔는지는 자세히 나와 있지 않다. 다만 무월랑이라는 이름에서 아마 그가 화랑이 아니었을까 추측할 뿐이다. 화랑이었던 그가 산천을 유람하며 수련하다가 명주에 갔을 때 연화부인을 만난 것이 아닐까. 연화부인의 성은 박 씨로, 명주 대천 남쪽의 연화봉 아래 살고 있었으며, 아버지는 당시 명주 지방의 세력가였을 것으로 추정된다.

『삼국사기』의 기록에 의하면 김유정은 경덕왕 3년(744) 정월에 이찬으로 시중侍中이 되었다가 745년 정월 아버지 김사인金思仁이 상대등에 임명된 직후인 5월에 퇴임하였다. 김유정과 연화부인은 죽은 후 각각 대명주군왕大溟州郡王과 명주연화부인溟州蓮花夫人으로 추봉되었다.

김주원, 신라 안에 작은 왕국을 세우다

김경신과의 왕위계승전에서 패배한 김주원은 원성왕 일파의 위협을 피하기 위해서였는지 친족세력이 있던 명주 지방으로 퇴거하였다. 원성왕은 즉위 2년(786)에 김주원을 명주군왕으로 봉하고, 왕위를 포기한 대가로 명주ㆍ익령지금의 양양ㆍ삼척ㆍ근을어지금의 평해ㆍ울진 등을 떼어 식읍食邑으로 주었다. 김주원은 이를 기반으로 장원을 형성하고, 이 지역의 주민에게 조세를 거두어 경제적 기반을 다졌다. 또 명주성을 쌓아 수도인 장안長安을 마련하고 함신. 최대나. 곽길. 박영 등을 속관으로 임명하였다. 이를 토대로 김주원은 명주국溟州國이라는 독자적 국호를 세워 중앙과 별도의 독자적 세력을 형성하였다.

'명주성'이 새겨진 기와 | 강원도 강릉시 성산면에서 출토되었다. 김주원은 이곳에 명주국을 세우고 독자적인 세력을 형성하였다.

김주원이 세운 명주국은 786년부터 822년까지 4대 37년 동안 신라 안의 또 다른 작은 나라로서 실질적으로 지금의 영동지방 일대를 통괄하였으며, 김주원은 강릉김씨의 시조가 되었다. 그 후 명주군왕은 대대로 그의 후손들에 의해서 세습되어 신라 말까지 반독립적인 지방 호족세력으로 존재했다. 그 중 주목할 만한 인물로 김순식金順式 또는 王順式을 들 수 있다. 후삼국시대 명주지방의 대표적인 호족이었던 왕순식은 고려 태조 왕건이 후삼국을 통일할 때 큰 공을 세우며 고려 초까지 강력한 호족세력으로 존재하였다.

한편 김주원이 명주지방으로 퇴거한 후에도 김헌창. 김종기 등 그의 자손들 중 몇몇은 계속 중앙에 남아 활약했다. 특히 김주원의 장남인 김헌창은 현덕왕 14년(822)에 반란을 일으켜 중앙 정부를 위기에 빠트리기도 하였으며, 현덕왕 17년에는 김헌창의 아들인 범문 역시 반란을 일으켰다. 이러한 상황에서도 김주원의 차남인 김종기는 시중이 되어 중앙 정부에서 활동하였다.

고려시대의 역사를 기록한 『고려사』에도 「명주가」라는 노래가 기록되어 있다. 그 내용은 연화부인과 무월랑의 설화와 같다. 「명주가」가 왜 고구려에서 불리던 노래로 『고려사』에 기록되었는지는 자세하게 알 수는 없다. 다만 이 노래가 불리던 명주 지역이 고구려의 옛 영토였기 때문이 아닐까 추정할 뿐이다.

　아무튼 연화부인과 무월랑의 사랑이야기는 당시 꽤 유명했다. 그도 그럴 것이 당시 서라벌의 진골 귀족과 명주의 지방 처녀와의 사랑은 흔치 않은 일이었고, 또 이후 그의 후손들이 끼친 영향력도 한몫했을 것이다.

| 김덕원 |

신형식, 「무열왕권의 성립과 활동」『한국사 논총』2, 1977 ; 『한국고대사의 신연구』,
　　　일조각, 1984
오　성, 「신라 원성왕계의 왕위 교체」『전해종박사화갑기념 사학논총』, 1979
이기동, 「신라하대의 왕위계승과 정치과정」『역사학보』85, 1980 ; 『신라 골품제사회
　　　와 화랑도』, 일조각, 1984
김정숙, 「김주원 세계의 성립과 그 변천」『백산학보』28, 1984
김창겸, 「신라 원성왕의 즉위와 김주원계의 동향」『부촌 신연철교수정년퇴임기념 사
　　　학논총』, 1995
김창겸, 「신라 '명주군왕' 고」『성대사림』12 · 13, 1997

탑돌이에서 맺어진 남녀의 야합

김현과 호랑이 처녀

『삼국사기』 등 역사책에는 남녀의 사랑과 육체적 결합을 '야합野合'이라 표현한 경우가 더러 있다. 야합이란 예를들어 말하자면 자유연애이고, 구체적으로 말하자면 혼전 성관계를 뜻한다. 특히 신라시대에는 남녀의 사랑이 매우 자유로웠다.

물론 야합은 신라뿐 아니라 고구려나 백제에도 있었다. 고구려 건국자인 주몽도 해모수와 유화부인의 야합으로 태어났고, 신라의 삼국통일을 이끈 김유신 장군도 김서현과 만명부인의 야합으로 태어났다. 이들의 야합은 유교적 윤리의식으로 본다면 비속한 것으로 평가될 수도 있으나, 요즈음의 관점에서 보면 이는 대단히 로맨틱한 사랑이야기이다.

야합이 성립되기 위해서는 우선 남녀의 만남이 전제되어야 하고, 이러한 만남은 사람들이 모이는 큰 집회에서 이루어졌다. 고대사회에서는 농경문화의 의식이었던 고구려의 동맹이나, 부여의 영고, 동예의 무천, 그리고 삼한의 파종 이후에 있었던 국가적인 행사가 남녀의 자연스러운 만남을 만들었다. 불교가 전래된 이후에는 거국적인 불교행사를 통해 만남의 기회를 가졌다.

탑돌이가 맺어 준 사랑

『삼국유사』 권5에 김현감호金現感虎 이야기가 실려 있다.

신라 풍속에 매년 중춘 첫 8일부터 15일까지 서울의 남녀가 다투어 흥륜사의 전각과 탑을 돌며 복을 비는 모임福會을 하였다. 원성왕 때 낭군 김현이 밤이 깊도록 혼자 쉬지 않고 탑을 도는데 한 처녀가 또한 염불을 하면서 따라 돌다가 서로 정이 움직여 눈길을 주었다. 돌기를 마치고 으슥한 곳으로 가 정을 통하였다.

『삼국유사』 권5, 김현감호

신라 하대 원성왕대(785~798)의 일이다. 원전에 중춘仲春이라 되어 있어, 이것을 이해하는데 혼란이 있다. 왜 신라사회에서는 이월 초파일에 불교축제를 열었을까? 오늘날은 사월 초파일에 부처님 오신 날이니, 석가탄신일이니 하여 성대한 축제가 열리고 있는 것과는 다르다. 어쩌면 당시의 월력이 후대의 것과 다른 데에 이유가 있을 수도 있다. 즉 당시는 3월이 초춘이고, 4월이 중춘이며, 5월이 계춘이라고 계산했을 수도 있다. 그렇다면 위 문장에서의 중춘 첫팔일이란 사월 초파일을 말하는 것이 된다. 한편 원래는 2월 초파일에 부처님을 기념하는 날이었는데 후대에 무슨 이유에서인지 사월 초파일로 변경되어 축제를 거행하게 되었을 것이라고 보겠다. 어째든 현재는 사월 초파일은 불교에서 부처님 오신날로 성대한 불교행사를 치루며 그 의미를 새기고 있다.

신라 원성왕대의 사월 초파일부터 십오일까지 여드레 동안 불교 축전이 열렸고, 이때 행해지는 탑돌이 행사에서 두 남녀가 눈이 맞아 은밀히 정을 통했다. 탑돌이 행사는 이전의 동이족 사회에서 유행하던 거국적 축제의 장이 불교의 수용 및 정착과정에서 불교식 축제로 변모되고 정착된 것이라 할 수 있다. 신라의 젊은이들은 행사를 통해 자신과 가족 및 국가의 소원과 안녕을 빌었고, 이성과의 교제는 물론 간혹 성적 결합까지 이르는 경우도 있었다. 청춘남녀의 로맨틱한 성적 결합은 때로 흥미진진한 불교적 설화를 낳기도 했다.

탑돌이 | 예로부터 석가탄신일이 되면 신도들은 부처의 큰 뜻과 공덕을 기려 탑을 돌며 염불을 하고, 소원성취를 빌었다.

신라 속의 사랑 사랑 속의 신라

처녀가 돌아가려 하자 김현은 거절하는 처녀를 억지로 따라갔다. 서쪽 산기슭에 도착하여 한 초가집으로 들어가니 한 노파가 처녀에게 따라 온 사람이 누구냐고 물었다. 처녀가 사실대로 이야기하자, 노파가 말하기를 "좋은 일이기는 하지만 없는 일만 못하구나. 그러나 저지른 일을 말한들 무엇하랴. 몰래 숨겨야 하겠지만 너의 형과 아우가 사나운 것이 염려된다." 하고는 방안에 열쇠를 채워 숨겨주었다.

조금 뒤 호랑이 세 마리가 크게 울부짖으며 돌아와 사람의 말로 하기를 "집 안에서 누린내가 나니 요기하기에 어찌 좋지 않겠는가!" 하였다. 노파가 처녀와 함께 나무라며 "네 코가 어떻게 되었구나. 무슨 미친 소리를 하느냐?" 하였다. 이때 하늘에서 "너희들이 점점 물건과 생명 해치기를 좋아하니 마땅히 한 놈을 죽여 악행을 징계해야 하겠다."는 소리가 들리니 이를 들은 세 짐승은 걱정하는 기색이 역력해졌다. 이에 처녀가 "세 오빠가 만일 멀리 피하여 스스로 뉘우친다면 내가 대신 그 벌을 받겠다."고 하자, 모두 좋아서 머리를 숙이고 꼬리를 치면서 달아났다.

처녀가 들어와 낭군에게 말하기를 "처음에는 낭군께서 우리 족속에게 오시는 것이 부끄러워 거절하였지만, 이제는 감출 것이 없으니 감히 속에 먹은 마음을 털어놓습니다. 제가 낭군께는 비록 그 부류가 다르다 할망정 하룻밤 즐거운 자리를 모셨으니 중한 부부의 의를 맺은 것입니다. 세 형의 죄악은 하늘이 이미 미워하시어 온 가족에게 닥칠 벌을 제가 당하고자 합니다. 그런데 다른 사람 손에 죽는 것이 어찌 낭군의 칼날 밑에 죽어 덕을 갚는 것과 같겠나이까. 제가 내일 시내로 들어가 사람들을 심하게 해치면 모두 당해낼 수 없을 것이요, 임금께서는 분명 높은 벼슬을 걸고 저를 잡을 사람을 찾을 것입니다. 그때 낭군은 겁내지 말고 저를 쫓아 성의 북쪽 숲 속까지 오십시오. 거기서 제가 기다리고 있을 것입니다." 하였다.

　김현이 말하기를 "사람과 사람이 사귀는 것은 인류의 원칙이요, 다른 부류와 사귀는 것은 대체 정상이 아닐 것이다. 이미 일이 잠잠하게 되었으니 이는 참으로 천행이라 할 것인데 어찌 차마 제 배필의 죽음을 팔아 한 때의 벼슬을 요행으로 구할 수 있으랴." 하였다. 이에 처녀가 "낭군은 그런 말씀을 마십시오. 오늘 제 목숨이 짧은 것은 바로 천명이며 나의 소원이요, 낭군의 경사요, 우리 족속의 행복이요, 또한 이 나라 사람들의 기쁨입니다. 한 번 죽어 다섯 가지 이득을 이룰 수 있으니 어찌 이를 어기겠습니까? 다만 저를 위하여 절을 세우고 진리를 강성하여 좋은 과보果報를 장만해주시면 낭군의 은혜 대단히 클 것입니다." 하자, 둘은 드디어 울면서 작별하였다.

　이튿날 과연 사나운 호랑이가 성안에 들어와 심하게 날뛰니 감당할 수 없을 정도였다. 이 보고를 들은 원성왕은 "호랑이를 잡는 자에게는 벼슬 2급을 주리라." 하고 명령하였다. 이에 김현이 대궐로 들어가 "소신이 잡을 수 있습니다."라고 아뢰자, 원성왕은 벼슬을 먼저 주어 그를 격려하였다. 김현이 칼 한 자루를 차고 숲 속으로 들어가자, 처녀로 변한 호랑이가 반갑게 웃으며 말했다. "간밤에 우리가 나눈 말들을 소홀히 여기지 마십시오. 오늘 제가 발톱으로 할퀴어 다친 사람들은 모두 흥륜사 간장을 바르고 그 절의 나팔 소리를 들으면 깨끗이 나을 것입니다." 그러고는 곧 김현이 차고 있던 칼을 뽑아 스스로 목을 찌르고 엎어지니 곧 호랑이의 모습이 되었다.

　숲에서 나온 김현은 "방금 여기서 호랑이를 아주 쉽게 잡았다." 하고 소리쳤다. 그리고 처녀와의 약속대로 그간의 연유는 숨기고 다친 사람들을 치료하니, 상처가 정말 씻은 듯이 나았다. 지금도 세간에서는 이

방법을 쓰고 있다.

　벼슬에 오른 김현은 서천西川 가에 절을 지어 이름을 호원사虎願寺라 하고 범망경梵網經을 강설하여 호랑이의 명복을 빌며 그 은혜를 갚았다. 그러다가 죽음을 앞두고 전에 겪은 이 기이한 일에 깊이 감동하여 그대로 적어 기록을 만드니 이를 통해 김현과 호랑이 처녀의 일은 처음으로 세상에 알려지게 되었다. 이 기록은 논호림論虎林이라는 이름으로 지금까지 전한다.

『삼국유사』 권5 효선편 김현감호

김현감호의 이야기는 호원설화虎願說話라고도 불린다.

호랑이 처녀는 누구였을까

　인간이 호랑이와 성적 결합을 맺었다는 것은 상식적으로 불가능한 일이 아닐 수 없다. 이 설화의 주인공인 김현 또한 "사람과 사람이 사귀는 것은 인류의 원칙이요, 다른 부류와 사귀는 것은 정상이 아니다."라고 하였다. 인간세계에서는 인간 이외의 동물과 관계를 맺는 것을 금하고 있다. 혹여 변태적인 인간이 있어 동물과 이른바 수간獸姦을 했다고 할지언정, 물리적인 힘이 인간보다 강하고 사납기 그지없는 호랑이와 어떻게 그럴 수 있겠는가?

　그러면 김현과 호랑이 처녀의 사랑이야기는 무엇을 의미하는 것일까. 먼저 설화 속에서 김현이 낭군이라 불린 점에 주목할 필요가 있다. 역사책, 특히 『삼국유사』에서 '낭郎'은 대부분 화랑이다. 가

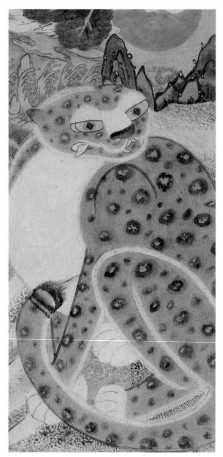
호랑이 그림 | 조선 후기 민화에 등장하는 호랑이로 친근한 모습으로 묘사되었다.

령, 경순왕의 아버지인 효종랑孝宗郎은 물론 이른바 사선四仙이라 불리는 영랑永郎, 술랑述郎 등이 그들이다. 김씨 성을 가진 김현은 신분제 사회인 신라에서는 화랑이었을 가능성이 크다.

반면, 호랑이 처녀는 당시 신라 왕경王京 내의 사람들을 해치는 집단으로 신라 왕경 주변 외진 곳에 따로 떨어져 사는 여자였다. 설화에서는 비록 호랑이라고 표현되어 있으나 실제 호랑이라기보다는 거칠고 사나운 무리를 상징하는 것으로 보는 편이 타당할 것이다.

이 사건이 있기 직전인 혜공왕대에는 잦은 반란이 있었고, 반란의 와중에 혜공왕과 왕비가 시해되고 상대등 김양상金良相이 왕위에 올라 선덕왕이 되었다. 그러나 그가 왕위를 이을 아들을 두지 못하고 죽자 또다시 왕위쟁탈전이 발생하였다. 김균정과 김경신이 왕위를 두고 다투어 이번에는 김경신이 즉위하니, 이가 바로 원성왕이다.

원성왕의 즉위 후에도 시국은 여전히 불안했고, 여러 왕족과 진골 귀족들은 왕위를 얻기 위해 호시탐탐 노리고 있었다. 원성왕의 입장에서 이들은 모두 위험한 존재였다. 다른 한편, 여러 차례에 걸친 난리와 가뭄, 홍수 등으로 흉년이 들어 기근이 발생하자 많은 농민들이 도적 떼로 변하여 각 지역을 약탈하는 등 시국은 더할 수 없이 흉흉하였다.

이 같은 배경에서 짐작컨대 김현감호 설화에서 호랑이가 상징하는 집단은 당시 신라 왕실에서 보면 대단히 위협적인 존재 중의 하나였다. 귀족 청년인 김현은 이 집단에 속한 처녀와 하룻밤 사랑을 나눈 것인데, 이는 당시 신라 권력층에서는 용납할 수 없는 행위였다. 그러나 호랑이 처녀는 스스로 목숨까지 버리는 희생자 역할을 자처하여 오히려 단 하룻밤 사랑을 나눈 남자 김현에게 출세의 기회를 제공하였다. 이를 통해 이 설화는 사랑하는 남자의 성공을 위해 목숨마저 바치는 한 처녀의 애틋하고도 가슴 아픈 사랑이야기로 승화될 수 있었다.

모진 호랑이, 신도징 설화

『삼국유사』에서 김현감호의 내용은 두 편의 설화로 나뉘어 있다. 하나는 앞서 살펴본 김현 설화이고, 다른 하나는 신도징 설화申屠澄

說話이다. 김현 설화와 달리 신도징 설화에 등장하는 호랑이는 다분히 부정적으로 그려져 있다.

중국 당나라에 살던 신도징. 그는 야인으로서 한주 지방 현위에 임명되어 임소로 가다가 진부현에 이르러 눈바람을 만났다. 이를 피하여 어느 모사茅舍에 들어갔다가 그곳에서 부모와 함께 살고 있는 처녀를 만나게 되었다. 비록 차림새는 허술했지만 처녀의 살결과 얼굴은 매우 고왔다. 처녀의 집에서 하룻밤을 묵는 동안 신도징은 나이 든 주인의 환대를 받고, 처녀와 혼인의 예를 올린 후 함께 근무지에 도착했다. 봉록은 매우 적었으나 아내가 알뜰히 살림을 꾸려나갔고, 머지 않아 1남1녀를 두었다.

세월이 흘러 임기가 끝나자 신도징은 가족을 데리고 고향에 돌아왔으나, 아내가 친정을 그리워하기에 함께 처가에 갔다. 그러나 처가에는 아무도 없었다. 아내는 온데간데 없이 사라진 부모를 생각하며 종일 울다가 방 한 귀퉁이에 놓인 호랑이 가죽 한 장을 발견하고는 크게 웃기 시작했다. 그러다 갑자기 그 호랑이 가죽을 뒤집어쓰고는 호랑이로 변하여 뛰쳐나가버렸다. 이에 놀란 신도징이 두 자녀를 데리고 쫓아가 온 숲 속을 샅샅이 뒤졌으나 끝내 아내의 행적을 알 수 없었다.

이와 같이 신도징 설화의 호랑이는 처녀로 둔갑하여 신도징과 부부의 인연을 맺고 자식까지 낳아 가정을 이루었으나, 결국 다시 호랑이로 되돌아가 가정을 버리고 인간을 배반하는 등 부정적인 모습으로 묘사되어 있다.

이처럼 『삼국유사』는 인간에게 희생하는 아름다운 역할을 하는 호랑이와 뒤도 돌아보지 않고 모질게 떠나간 호랑이의 설화를 아울러 기록하여 불교적 권선을 강조했다.

| 김창겸 |

참고문헌

정규복, 「신도징설화고」 『동산신태식박사 고희기념논총』, 1979

짝 잃은 앵무새에 담은 외로움

흥덕왕과 장화부인

신라시대에는 왕들이 향가를 직접 짓는 경우가 더러 있었다. 가령, 『삼국사기』 권45, 박제상열전에는 "처음에 미사흔이 돌아오자 6부에 명하여 멀리 나가 맞도록 하였다. 왕은 아우를 다시 만난 감격에 겨워 그의 손을 잡고 눈물을 흘렸다. 그리고 형제들을 두루 모아 술을 마시며 성대히 즐겼다. 왕은 직접 노래를 짓고 춤을 추며 자기의 뜻을 널리 알렸다."라는 기록이 있다.

여기서 말하는 왕은 눌지왕. 일본에 볼모로 잡혀 있던 아우 미사흔이 신라로 되돌아오자 감격에 겨워 그가 지어 부른 노래가 「우식곡憂息曲」이다.

한편 『고려사』 권71, 악지 삼국속악三國俗樂 신라조와 『증보문헌비고』 권106, 악고17에는 "오랫동안 헤어졌던 신라왕 부자가 마침내 상봉하던 날 왕이 「이견대利見臺」를 지어 불렀다."는 이야기가 기록되어 있다. 또 『삼국유사』 권2, 기이2 원성대왕조에는 "대왕이 진실로 궁달의 변화를 알아서 「신공사뇌가身空詞腦歌」를 지었다."고 기록되어 있다.

『삼국유사』 권2, 기이2 흥덕왕앵무에는 다음과 같은 기록이 있다.

제42대 흥덕대왕은 보
력寶曆 병오丙午에 즉위하
였다. 얼마 지나지 않아
당나라에 사신으로 갔던
사람이 앵무 한 쌍을 가지
고 돌아왔다. 곧 암놈은
죽고 홀아비가 된 수놈이
슬피 우는지라, 왕이 사람
을 시켜 거울을 앞에 걸어
놓았다.

그러자 홀로 남은 앵무
는 거울 속의 그림자를 보
고 짝을 얻은 줄 알고 거
울을 쪼아댔다. 그러나 머

앵무새 | 흥덕왕은 짝을 잃고 혼자 남은 앵무새의
슬픔을 노래로 지어 자신의 심정을 표현하였다.

지 않아 제 그림자임을 깨닫고 슬피 울다가 죽었다. 이를 두고 왕이 노
래를 지었다 하나 자세히 전하지는 않는다.

비록 가사가 기록되어 있지 않아 정확한 내용을 알 수는 없다하
지만, 짝을 잃고 혼자 남은 수컷 앵무새의 슬픔을 노래하였다 하니,
자못 비통한 내용이었을 것이다. 그런데 여기에는 더 깊은 사연이
있다.

흥덕왕의 즉위와 장화부인의 죽음

826년 형 헌덕왕이 죽자 제42대 흥덕왕이 즉위하였다. 흥덕왕의 성은 김씨, 이름은 수종秀宗 또는 수승秀升인데, 훗날 경휘景暉로 고쳤다. 흥덕왕의 아버지는 원성왕의 맏아들 혜충태자惠忠太子 인겸仁謙이며, 어머니는 성목태후聖穆太后 김씨다.

흥덕왕의 왕비는 소성왕의 딸인 장화부인章和夫人 김씨였으나 불행히도 흥덕왕이 즉위하던 해 12월에 죽었고, 죽은 뒤에는 정목왕후定穆王后로 추봉되었다.

소성왕이 흥덕왕의 맏형이었으니, 흥덕왕은 자신의 조카딸과 혼인한 셈이다. 골품에 의한 철저한 신분제 사회였던 신라시대에 계급 내 혼인은 피할 수 없는 일이었고, 하대의 왕족은 권력의 독점과 왕실의 신성성을 유지하기 위해 근친혼을 마다하지 않았다.

사실 소성왕에게는 애장왕이라는 아들이 있었는데, 흥덕왕은 형 헌덕왕과 협력하여 조카인 애장왕을 죽이고 왕위를 빼앗았다. 애장왕을 죽인 것은 이미 흥덕왕이 장화부인과 결혼한 후였다. 아내의 남동생, 그러니까 처남을 죽였으니 그는 비인륜적인 죄를 저지른 셈이다. 그나저나 권력에 눈이 멀어 조카를 죽인 나쁜 사람으로 손가락질 받고 자신의 남자 형제를 죽인 원수를 남편으로 모셔야 했던 장화부인의 심정은 어떠했을까. 아이러니하게도 장화부인에 대한 흥덕왕의 사랑은 극진하였다.

흥덕왕이 왕위에 오른 지 얼마 지나지 않아 장화부인은 세상을 떴고 흥덕왕은 깊은 슬픔과 그리움에서 헤어나지 못했다. 나라에 왕비가 없으니 그 또한 도리가 아니기에 신하들이 왕에게 새 왕비

흥덕왕릉 전경 | 봉분의 지름은 20.8미터, 높이 6미터이다. 흥덕왕이 승하한 뒤 먼저 죽은 장화부인의 무덤에 합장하였다. 무덤 앞에 서 있는 무인석의 모습은 북실북실하고 무성한 수염을 갖고 있어 서역인으로 보인다(경상북도 경주시 안강읍 소재, 사적 제30호).

를 맞을 것을 권했으나 흥덕왕은 이를 끝내 거절하였다.

> 왕이 〔왕비〕 생각을 잊지 못해 슬픔에 싸여 즐거워하지 않았으므로 여러 신하들이 글을 올려 다시 왕비를 맞아들일 것을 청하니, 왕이 말하였다. "외짝 새도 제짝을 잃은 슬픔을 가지거늘, 하물며 훌륭한 배필을 잃었는데 어찌 무정하게도 새 부인을 맞는다는 말인가?" 그러고는 끝내 따르지 않았다. 또한 왕은 시녀들조차 가까이 하지 않았으니 좌우의 심부름꾼은 오직 환관뿐이었다.
>
> 『삼국사기』 권10, 흥덕왕 즉위년

이와 함께 전하는 이야기가 『삼국유사』의 흥덕왕과 앵무이다. 언뜻 보기엔 한갓 미물인 앵무새의 죽음을 기리며 지은 것 같지만 이는 사실 죽은 장화부인에 대한 사랑과 그리움, 그리고 홀로 남은 외로운 심정의 은유였다.

흥덕왕의 개혁 정치

흥덕왕이 재혼을 하지 않은 것은 뒷날 심각한 정치적 문제를 불렀다. 흥덕왕의 정치적 입장은 헌덕왕과 대체로 비슷하였다. 애장왕 5년(804) 시중에 임명된 것으로 미뤄볼 때, 언승彦昇 헌덕왕과 흥덕왕은 애장왕대의 개혁정치를 주도한 것으로 보인다. 급기야 809년 언승은 애장왕을 몰아내고 왕위에 오르는 데 큰 공을 세웠고, 헌덕왕대의 정치에 깊이 관여하였다. 그리고 헌덕왕 11년(819) 상대등에 임명된 언승은 822년 부군副君이 되어 월지궁에 들어감으로써 왕위계승의 기반을 마련하였다.

왕으로 즉위한 흥덕왕은 애장왕 때부터 내려온 개혁정치를 시도하였다. 우선 흥덕왕 2년(827)에는 명활전明活典을 설치하였다. 흥덕왕 4년에는 원곡양전源谷羊典을 설치했으며, 집사부를 집사성으로 고쳤다. 이러한 일련의 개혁은 전부 귀족세력을 억제하고 왕권을 강화하기 위한 것이었으며, 나아가 앞서 헌덕왕대에 있었던 김헌창의 난을 마무리짓기 위한 조처였다.

흥덕왕 9년(834)에는 모든 관등에 따른 복색服色·거기車騎·기용器用·옥사屋舍 등의 규정을 반포하였다. 이 규정은 왕이 당시 사치

풍조를 억제하기 위해 만든 것이라 하지만, 사실은 귀족들의 요구에 의해 골품간의 계층을 더욱 엄격히 구별하기 위해서였다. 특히 이로 인해 진골과 육두품을 비롯한 여타 귀족과 평민 사이의 구별이 더욱 뚜렷해졌으니, 이는 다시 말해 진골세력을 위한 배려의 일환이었다. 흥덕왕 10년에는 김헌창의 난을 평정하는 데 공을 세운 김유신을 흥무대왕으로 추봉하였다.

변방에 진鎭을 설치하고, 불교를 장려한 것도 빼놓을 수 없는 공적이다. 흥덕왕 3년(828) 장보고가 당나라의 서주徐州에서 소장小將으로 활약하다가 귀국하자 왕은 병졸 1만 명을 동원하여 청해진을 설치하게 하였다. 흥덕왕 2년에는 승려 구덕丘德이 당나라로부터 경전을 가지고 들어왔으며, 흥덕왕 5년에는 도승 150명을 허가해 주었다.

흥덕왕대에는 신라와 당나라 사이에 많은 교류가 있었다. 흥덕왕

흥덕왕릉 귀부 ㅣ 흥덕왕릉 앞에 있는 무인석과 무인석의 한 켠에 비신과 이수가 결실된 채 귀부만이 남아 있다.

흥덕왕릉 비편 도면 ㅣ 1977년 흥덕왕릉 조사 때 비편 수십 점이 발견되었다.

짝 잃은 앵무새에 담은 외로움

이 곁에 두고 보았다는 앵무새뿐 아니라 갖가지 진기한 물건들이 당나라에서 수입되었다. 특히 흥덕왕 3년에는 당나라에 사신으로 떠났던 김대렴金大廉이 가져온 차茶 종자를 지리산에 심었는데, 이 것이 현재 지리산 녹차의 시초였다.

신라와 당나라 사이에 교류가 왕성했다는 사실은 흥덕왕릉의 유물을 통해서도 짐작할 수 있다. 안강의 흥덕왕릉 전면에는 무인석과 문인석이 한 쌍씩 배열되어 있는데, 특히 무인석의 주인공은 북실북실하고 무성한 수염을 갖고 있어 무역을 위해 신라를 왕래했던 서역인을 형상화한 것으로 보인다.

그는 죽어 왕비 곁으로 돌아갔으나…

836년 12월 흥덕왕은 세상을 떠났다. 그러나 장화부인이 아들을 낳지 못하고 일찍 죽은 데다가, 그 후 흥덕왕이 다른 여자를 가까이 하지 않았으므로 왕에게는 후사가 없었다. 흥덕왕은 자신이 죽은 뒤 장화왕후와 합장해달라는 유언만 하였을 뿐 왕위계승에 대한 언급은 없었다.

그러나 어찌 예측이나 했을까? 흥덕왕이 왕위계승자를 지명하지 않은 것은 심각한 정치적 문제를 불러일으켰다. 왕위를 두고 귀족들간의 쟁탈전이 일어나 상대등 김균정이 시해되고 희강왕이 즉위하였으나, 곧이어 희강왕도 민애왕에게 죽임을 당했다. 그러자 이번엔 신무왕이 청해진 장보고 세력의 지원을 받아 민애왕을 죽이고 스스로 즉위하는 등 나라는 큰 혼란에서 헤어나지 못했다.

먼저 죽은 부인을 잊지 못해 후사 잇는 것을 마다한 흥덕왕! 한 나라의 입장에서 볼 때 그의 지고지순한 사랑은 지위와 그에 따른 역할을 망각한 아집의 소산이었고, 이러한 아집은 나라의 혼란을 낳았으니, 다정도 병인가? 기우러 가는 신라의 운명을 어찌할꼬!

| 김창겸 |

이기백, 「신라 하대의 집사성」『신라정치사회사연구』, 일조각, 1974
오 성, 「신라 원성왕계의 왕위교체」『전해종박사 회갑기념논총』, 1979
윤병희, 「신라 하대 균정계의 왕위계승과 김양」『역사학보』 96, 1982
이기동, 『신라 골품제사회와 화랑도』, 일조각, 1984
김창겸, 『신라 하대 왕위계승 연구』, 경인문화사, 2003
신재홍, 『향가의 미학』, 집문당, 2006

하늘도 감동시킨 효자

손순

사랑이라는 말을 들으면 제일 먼저 남녀의 사랑이 연상될 것이다. 하지만 우리가 사랑이라고 말할 때 빼놓을 수 없는 것이 부모와 자식의 사랑이다. 남녀의 사랑이 불처럼 뜨거운 것이라면, 부모와 자식의 사랑은 잔잔하고 애틋하다.

흔히 부모에 대한 자식의 사랑을 효孝라고 부른다. 한자의 어원이 잘 정리되어 있는 『설문해자說文解字』에서 효의 어원을 살피면 효란 '아들子이 노인老을 부축하는 형상'이다. 『삼국유사』에 전하는 손순의 어머니 사랑이야기는 진정한 효가 무엇인지를 일깨워주는 사례로 꼽을 만하다.

효자 손순, 아이를 생매장하기로 결심하다

손순孫順[고본에는 孫舜이라고도 되어 있다]은 모량리 사람으로 아버지의 이름은 학산이다. 아버지가 죽자 아내와 함께 남의 집에서 품을 팔고 양식을 받아 어머니를 봉양하였다. 어머니의 이름은 운오였다.

손순에게는 어린아이가 있었는데, 아이는 매번 할머니의 음식을 빼앗아 먹었다. 이를 곤란히 여긴 손순이 아내에게 말하기를, "아이는 또 얻을 수 있지만 어머니는 다시 구할 수 없지 않소. 아이가 어머니의 음식을 빼앗아 먹으니 어머니의 배고픔이 얼마나 심하겠소? 그러니 우선 이 아이를 땅에 묻어버리고 어머니의 배를 채워드립시다."라고 하였다.

곧 아이를 등에 업고 모량리 서북쪽에 위치한 취산醉山 북쪽 들판으로 가 아이를 묻을 땅을 파다가 모양이 매우 희귀한 돌종을 발견했다. 놀란 손순의 부부가 그 종을 잠깐 나무 위에 걸어놓고 시험삼아 두드려보니, 곧 은은하고 사랑스러운 소리가 울려 퍼졌다. 이에 손순의 아내가, "이상한 물건을 얻은 것은 아마도 아이의 복인 듯하니 아이를 묻지 맙시다."라고 제안했다. 손순도 그렇게 여겨 아이와 종을 등에 업고 집으로 돌아와 종을 들보에 매달아 두드리니 은은한 종소리가 궁궐까지 번졌다.

종소리를 들은 흥덕

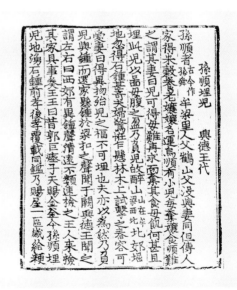

『삼국유사』 손순매아 흥덕왕대 | 손순 부부가 노모를 봉양하기 위해 어린아이를 파묻으려다가 돌종을 발견한 내용이 적혀 있다.

왕이 좌우의 신하들에게 "서북쪽 교외에서 이상한 소리가 들리는데, 맑으면서도 멀리까지 울려 퍼지니 보통 소리가 아니로구나. 한번 알아보거라." 하고 명령했다. 이에 왕의 사자가 손순의 집을 찾아가 조사한 사실을 구체적으로 왕에게 아뢰었다. 그러자 왕은 "옛날에 〔후한의〕 곽거가 아들을 묻으니 하늘이 금솥을 내렸고, 지금 손순이 아이를 묻으려고 하니 땅에서 돌종이 솟구쳤다. 전세의 효〔곽거의 효〕와 후세의 효〔손순의 효〕는 천지에 같은 귀감이다." 하였다. 이에 손순에게 집 한 채를 하사하고, 해마다 벼 50섬을 주어 그의 지극한 효를 숭상하게 하였다.

그 후 손순은 그의 옛집에 절을 지어 이름을 홍효사弘孝寺라 하고 그곳에 돌종을 안치하였다. 진성왕(887~897) 때 백제의 방자한 도둑떼가 그 마을을 공격하는 와중에 종은 없어지고 절만 남았다. 종을 얻은 땅을 완호평完乎坪이라고 불렀는데, 지금은 잘못 전해져서 지량평枝良坪이라고 한다.

『삼국유사』 권5, 효선9, 손순매아 흥덕왕대

위의 기록에 따르면, 손순 부부는 늙은 어머니를 봉양하기 위해 애지중지했던 아이마저 죽이려 하였다. 사건의 발단은 가뜩이나 가난한 처지에 아이가 할머니의 음식을 빼앗아 먹는 데서 비롯되었다. 음식이야 품팔이를 더 열심히 해서 마련하면 그만일 터이지만, 손순 부부는 아이를 생매장하는 엽기적이면서도 극단적인 방법으로 문제를 해결하려 했던 것이다.

사실 손순 부부의 마음 역시 편할리가 없었을 것이다. 어머니를 살리기 위해 불가피했다지만 자식을 죽여야 하는 부모의 마음이야 오죽했겠는가? 아이를 묻을 땅을 파다가 우연히 돌종을 발견한 손

신라 속의 사랑 사랑 속의 신라

순의 아내는 기다리기라도 했다는 듯이 "이상한 물건을 얻은 것은 아마도 아이의 복인 듯하니 아이를 묻지 맙시다."라며 남편에게 매달렸다. 그런데 아이를 생매장하자고 제안했던 손순 역시 군소리 않고 이를 따랐다. 이는 비록 땅에 파묻기로 결심을 했을지언정, 그 자식을 향한 손순 부부의 마음이 얼마나 애절했는지를 보여주는 대목이다.

손순 부부의 효에 감동한 하늘이 내린 선물이 바로 돌종이었다. 이 돌종 덕분에 손순의 효행은 왕실까지 알려져 흥덕왕으로부터 푸짐한 상을 받을 수 있었다. 여기서 하늘을 감동시킨 부분은 다름 아니라 자식을 향한 본능적인 내리사랑을 억제하며 어머니에 대한 효를 우선시한 손순 부부의 효심이었다.

이와 비슷한 사례는 고려시대 청주에서도 있었다. 손유라는 아전이 있었는데, 우왕 4년(1378) 왜구가 침입하자 어린 아들딸들이 아버지의 옷을 붙잡고 살려달라고 울부짖었다. 그러나 손유는 돌아보지 않고 집으로 달려가 어머니만을 업고 도망쳐 해를 면하였다는 이야기이다. 아이들의 입장에서는 비정하기 짝이 없었던 아버지 손유는 『신증동국여지승람』 청주목 효자조에 당당히 기록을 남기고 있다. 역시 손순의 경우처럼 내리사랑보다 효를 앞세운 때문이리라.

매정했지만 순수했던 손순의 효심

사실 결과가 좋았기에 망정이지 손순의 행위는 위험한 외줄타기와도 같은 것이어서 오늘날로 치자면 효도는 커녕 범죄가 될 수도 있는 상황이었다. 또한 만약 손자가 죽었다면 과연 이를 받아들이는 할머니의 심정은 어떠했을까. 『맹자』는 불효를 세 가지로 정의하였다. 부모에게 아첨하여 부모를 의롭지 못한 상황에 빠뜨리는 것, 가난하여 나이 많은 부모를 봉양하지 못하는 것, 자식이 없어서 대가 끊어지는 것이 그것이다. 그 중 가장 큰 불효는 후손이 없어 대가 끊어지는 것이라고 하였다. 『예기』에서는 세 가지의 효 중 부모를 잘 봉양하는 것을 가장 낮은 효로 쳤다. 가장 큰 효는 부모를 공경하는 것이고, 그 다음은 부모를 욕되게 하지 않는 것이라고 한다.

그렇다면 손순의 효는 가장 낮은 효행으로 평가절하되어야 하는가? 쉽게 단정할 만한 문제는 아니다. 어찌보면 적어도 손순의 행위 자체는 효라는 잣대에서 본다면 순수했던 것으로 보인다. 오히려 손순이 극단적인 방법을 쓸 수밖에 없었던 근본적인 원인을 추적해 볼 필요가 있겠다.

사건의 시대적 배경은 신라 흥덕왕대(826~836)로 거슬러 올라간다. 통일전쟁기인 신라 중대 이후 신라에는 진골 귀족들의 대토지 소유가 확대되었다. 이에 따라 자립적인 소농민층이 광범위하게 몰락했고, 본인 소유의 토지 없이 자신의 노동력을 팔아 생활하는 용작농이 출현하게 되었다. 자영 농민층의 부익부 빈익빈 현상은 신라 하대에 이르러 더욱 심각해졌다. 엎친 데 덮친 격으로 가뭄과 물난리 등의 자연재해가 빈번히 발생했다. 특히 손순이 살았던 헌덕왕대(809~826)에서 흥덕왕대까지 신라의 기근은 〈표〉에서 보여 주듯이 가히 '초절정'을 달리고 있었다.

〈표〉를 통해서 보면, 헌덕왕대에서 흥덕왕대는 홍수와 가뭄 같은 자연재해가 지속되었고, 이에 따른 기근과 도적떼의 봉기가 심각한

발생 시기	원인	내용	신라 정부의 조치
6년 (814)	홍수	5월, 나라 서쪽에 홍수가 남.	사자를 보내 수해 당한 주군의 백성을 위로하고 1년 조세를 면함.
7년 (815)	기근, 도적	8월, 서쪽 변방 주군에 큰 기근이 들고 도적떼가 일어남.	군사를 보내 도적떼를 토벌함.
8년 (816)	기근	정월, 흉년이 들어 백성들이 굶주려 170명이 절동浙東지방에 가서 먹을 것을 구함.	없음.
9년 (817)	가뭄 기근	5월, 비가 내리지 않음. 10월 사람들이 굶어 죽음.	기우제를 지내 7월에 비가 옴. 주군에 명을 내려 창고의 곡식으로 진휼함.
11년 (819)	도적	3월, 초적들이 사방에서 일어남.	주군의 도독과 태수에 명하여 토벌함.
12년 (820)	가뭄 기근	봄과 여름, 가뭄이 듦. 겨울, 기근이 듦.	없음.
13년 (821)	기근	봄, 백성들이 굶주려 자식을 팔아 생활함.	없음.
14년 (822)	폭설	2월, 눈이 다섯 자 내렸고 나무들이 마름.	없음.
2년 (827)	가뭄	정월, 서울경주에 큰 가뭄이 듦.	없음.
3년 (828)	폭설	3월, 눈이 세 자 내림.	없음.
6년 (831)	지진	정월, 지진이 남.	없음.
7년 (832)	가뭄	봄과 여름, 가물어 초목이 말라 죽음.	왕이 정전에 나가지 않고, 평상시 먹던 음식을 줄였으며 전국의 죄수를 사면함.
	기근, 도적	8월, 흉년이 들어 도적이 곳곳에서 일어남.	10월, 왕이 사자를 보내 백성들을 위로함.
8년 (833)	기근 전염병	봄, 나라 안에 큰 기근이 듦. 10월, 전염병으로 백성들이 많이 죽음.	4월, 왕이 시조묘 배알. 11월, 시중 윤분 물러남.

헌덕왕 / 흥덕왕

사회문제로 대두되었음을 알 수 있다. 특히 흥덕왕 7년(832)과 8년에는 그 정도가 더욱 심해져 국왕이 평소 먹던 음식의 수를 줄이거나, 시조묘를 배알하는 등 민심 수습에 나섰다. 나아가 죄수를 사면하거나 사자를 보내어 백성들을 위로했다. 그러나 갖은 노력에도 불구하고 기근은 해결되지 않았다. 설상가상으로 전염병까지 창궐하면서 국가는 심각한 위기를 맞았다.

손순이 아이를 땅에 묻으면서까지 노모를 봉양하려 했던 까닭은 이러한 시대적 분위기를 감안해야만 비로소 온전히 이해할 수 있다. 다시 말해 손순 행동의 바탕에는 그렇게라도 하지 않으면 먹을 것이 부족해 어머니가 죽을 수도 있다는 절박하면서도 지극히 현실적인 빈곤 문제가 도사리고 있었던 것이다.

'효도하면 복 받는다'는 말 속에 숨어 있는 비밀

손순의 효행에 감동한 흥덕왕은 새집을 한 채 하사했고, 매년 메벼 50섬을 주도록 조치하였다. 이로써 손순은 지긋지긋한 가난을 면하게 되었다. 나아가 신라인들 사이에 두고두고 회자되어 칭송되는 등 가문의 영광까지 누리게 되었다.

손순의 순수한 효심에 하늘도, 흥덕왕도, 신라인도 감동한 것이다. 이에 대해 이의를 제기할 생각은 추호도 없다. 다만 손순의 효행에 흥덕왕이 상을 내린 부분에 대해서는 딴지 좀 걸어볼까 한다. 어떤 이는 흥덕왕의 행동에 대해 "손순의 이야기 속에는 국가가 농민의 생활을 안정시키려는 적극적인 역할을 포기한 채 상징적 행위를 통해서 당시 사회의 모순을 은폐하려는 국가 지배층의 불온한 기도가 숨어 있다."고 말한다.

실제 헌덕왕에서 흥덕왕대에 이르기까지 자연재해와 그에 따른 기근에 대응하는 신라 왕실의 조치는 지나치게 소극적인 면이 없지 않다. 곡식을 나누어주어 실질적으로 구휼하는 정책보다는, 세금을 면해주거나 사자를 보내 위로하는 정도에 그쳤다. 그나마 절반 이상은 아무 대책조차 강구하지 못했으니 이쯤 되면 백성에 대한 국가의 직무유기라고 표현해도 지나치지 않을 듯하다. 이렇게 볼 때 흥덕왕의 행위는 애초의 의도와는 무관하게 사건의 본질

손순 유허비 | 손순의 효행을 기리기 위해 월성손씨 문중에서 만든 사당인 문효사 안에 있다(경상북도 경주시 현곡면 소재, 경상북도 기념물 제115호).

을 축소하고 왜곡했다는 비난에서 자유로울 수 없을 것이다.

효에 대한 미담과 포상 사례는 『삼국사기』와 『삼국유사』를 비롯한 각종 사서에 특별하게 기록되어 전하고 있다. 이는 곧 효가 국가의 지배이데올로기 차원에서 이용되었음을 시사해 준다. 『효경』에는 "효로써 임금을 섬기면 그것이 충이다."라고 하거나, "부모를 섬기는 데 효도하므로 충성을 임금에게 옮길 수 있다."고 하였다. 이는 다시 말하면 부모에 대한 개인의 효가 곧 국왕에 대한 충성으로

하늘도 감동시킨 효자

이어진다는 의미이다.

신라시대 역시 효를 지배 이데올로기로써 이용하였다. 이는 유교적 소양을 지닌 관료 양성기관으로 신문왕 2년(682)에 설립한 국학의 교수 과목과, 원성왕 4년(788)에 관리 채용제도로 마련한 독서삼품과의 시험 과목에서 『효경』이 가장 중시된 점에서 단적으로 드러난다. 신라 왕실은 이미 법흥왕대(514~540)에 양나라로부터 『효경』을 도입한 것으로 알려져 있다. 그런데 신라가 수용한 『효경』주석본은 공통적으로 국가와 군주 중심으로 쓰어졌

중국 효자 그림 ｜ 『삼강행실도』에 기록된 중국 후한시대 곽 거의 그림이다. 아이를 묻기 위해 땅을 파고 있는 곽거와 묻힐 아이를 안고 있는 부인의 모습이 애처롭게 보인다.

다는 데 그 특징이 있다. 이는 곧 가족 내부의 윤리인 효가 정치윤리와 밀접하게 연관되어 있음을 알려주는 것이다. 결국 신라시대에 국가적으로 어느 경전보다도 『효경』에 대한 교육을 중요시하며 유교적인 효행을 실천한 이들을 대대적으로 포상했던 까닭은, 효를 강조함으로써 국가와 국왕에 대한 충성을 유도할 수 있다는 믿음 때문이었을 것이다.

손순의 지극했던 효성과 그에 대한 신라 왕실의 포상이야기 역시

이러한 맥락에서 이해할 때 역사적 진실에 좀 더 다가설 수 있을 것이다.

| 장창은 |

참고문헌

이기백, 「신라 불교에서의 효관념-『삼국유사』 효선편을 중심으로-」『동아연구』 2, 1983
　　: 『한국고전연구』, 일조각, 2004
이기동, 「신라 흥덕왕대의 정치와 사회」『국사관논총』 21, 1991 『신라사회사연구』, 일
　　조각, 1997
노용필, 「신라시대 『효경』의 수용과 그 사회적 의의」『이기백선생 고희기념 한국사학
　　논총』 상, 일조각, 1994
김상현, 「삼국유사 효선편 검토」『동양학』 30, 단국대학교 동양학연구소, 2000
손　혁, 「신라효자 손순의 형적」『경주문화』 6, 경주문화원, 2000
김기섭, 「지극한 효자 손순이야기에 담긴 하층민들의 삶」『10세기 인물 열전, 푸른역
　　사, 2002
김창겸, 「강수와 신라사회」『진단학보』 101, 2006

꿈 속에 이룰 수 없는 사랑을
갈구한 스님
조신과 김흔의 딸

통일신라 말 세달사라는 절이 있었다. 세달사世達寺는 다른 사찰들과 마찬가지로 중앙 귀족들로부터 많은 토지를 기부 받아 그것을 다시 농민들에게 빌려주어 경작하게 했고, 농민들은 그 대가로 세달사에 조세를 납부했다. 이 조세를 거두는 장소를 장사莊舍라고 불렀다. 어느 날 세달사는 장사가 있던 명주강릉 날이군에 스님 조신調信을 책임자로 파견하였다. 명주로 파견된 조신은 그곳에서 한 아름다운 여인을 만나게 되는데, 이가 바로 김흔金昕의 딸이었다. 김흔은 중앙 정계에서 물러나 지방에서 외동딸만을 데리고 한가로이 생활하고 있었다.

스님 조신, 김흔의 외동딸에게 눈멀다

신라시대 세달사의 장사가 명주 날이군에 살고 있었다. 본사에서 스님 조신을 보내 장사의 관리인으로 삼았다. 장사에 와 있는 동안 조신은 태수 김흔金昕공의 딸을 좋아하여 깊이 매혹되었다. 그는 누차 낙산사의 관음보살 앞에서 그녀와 맺어지기를 남몰래 빌었다.

『삼국유사』 권3, 탑상4, 낙산이대성 관음정취조신

어느 날 조신은 불공을 드리기 위해 절을 찾은 김흔의 딸을 만난다. 경주에서 살다가 명주 지역으로 내려와 살게 된 그녀는 당시 명주 지역에서 흔히 보던 다른 처녀들과는 아주 다른 모습이었다. 화려한 옷매무새며, 얼굴 생김 하나하나, 화사하게 웃는 모습 ……. 조신은 첫눈에 김흔의 딸에게 마음을 빼앗겨 버렸다.

이와 유사한 이야기는 이미 여러 차례 영화나 소설로 만들어져 우리에게 익숙하다. 가령 배창호 감독의 『꿈』이라는 영화가 그렇다. 1991년에 배급된 이 영화의 주연은 안성기와 황신혜였다. 어느 절의 수도승[안성기 분]이 결혼 전 불공을 드리러 온 한 처녀[황신혜 분]에게 반해 목욕 중이던 그녀를 겁탈한 뒤 함께 도망가 지내고 처녀의 정혼자인 화랑[정보석 분]이 두 사람을 평생 쫓아다니며 괴롭힌다. 영화의 마지막에서 화랑이 마침내 수도승을 붙잡자 수도승은 화랑에게 순순히 목숨을 내놓으며 지난날을 후회하지만 화랑은 선뜻 그를 죽이지 못한다. 목숨을 부지한 수도승은 깊은 깨달음을 얻고 전에 수양하던 절을 찾아 법당에서 잠들었다가 문득 깨어나 보니 모든 게 꿈이었다. 그 후 수도승은 모든 과오를 회개하고 수양에 정진한다.

조신 설화는 배창호 감독의 영화 『꿈』 이전에 이미 춘원 이광수李光洙에 의해 소설로 등장했었다. 소설의 제목도 『꿈』이었다. 1947년 면학서관에서 발행한 중편소설 『꿈』은 전3권으로 출간되었다.

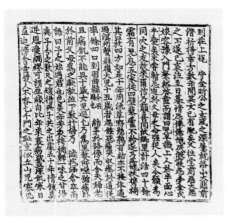

「삼국유사」 낙산이대성 관음정취조신

내용의 줄거리는 다음과 같다.

어느 봄날 새벽 낙산사, 아침 예불을 마치고 동구 앞까지 청소하고 있던 조신과 평목 앞에 용선화상이 나타나 오늘 태수의 행차가 있으니 조심하라는 엄명을 내렸다. 조신은 세달사에서 태수의 딸 달례의 청으로 꽃을 꺾어준 인연을 떠올리며 번민에 빠졌다. 달례가 결혼을 한다는 사실을 알게 된 조신은 용선화상을 찾아가 달례와 인연을 맺게 해달라고 간청하였다. 그러나 용선화상은 이런 조신에게 법당 안에 들어가 부를 때까지 절대 나오지 말고 기도만 드리라고 명했다.

조신이 도리 없이 법당에 들어가 쉬지 않고 염불을 외는데 문득 문 두드리는 소리가 들려 나와 보니 문밖에 달례가 서 있었다. 달례는 조신으로부터 꽃을 받은 바로 그날부터 그를 사모해왔다며 단둘이 도망가자고 하였다. 잠시 망설이던 조신은 이내 달례와 함께 달아나 2남 2녀를 낳고 행복하게 살았다. 그럴 즈음 낙산사에서 함께 지냈던 평목이 조신 앞에 나타나 혼자만 재미있게 사느냐고 따지며 조신의 둘째딸을 달라고 요구했다. 이에 조신은 자신의 행복을 파괴하려 드는 평목을 죽여 동굴 속에 버렸다. 얼마 지나지 않아 달례의 약혼자였던 모례가 태수와 사냥을 오게 되어 조신이 그 안

신라 속의 사랑 사랑 속의 신라

내를 맡게 되었다. 마침 모레가 쏜 화살을 맞은 사슴이 동굴로 들어가는 바람에 평목의 시체가 발견되고 조신은 그 범인으로 지목되어 교수형에 처했다. 목이 매달려 죽는 순간 조신은 살려달라고 고함을 쳤는데, 누군가 그의 엉덩이를 발로 차는 바람에 눈을 뜨니 용선화상과 관음보

이광수 소설 『꿈』의 첫 장 | 1962년 삼중당에서 펴낸 이광수 소설 선집에 포함되어 있다. 조신설화를 모방하였다.

살이 미소를 짓고 있었다. 그동안 있었던 모든 일은 꿈으로 끝났다. 꿈에서 깬 조신이 다시 불도에 정진하여 대사가 되었다는 부기가 작품 끝에 붙어 있는 이 작품은 사바 세계는 허망하고 덧없다는 불교사상을 바탕으로 하는 일종의 몽유록 계통의 소설이다.

꿈속에서 사바세계의 혹독한 삶을 겪고 깨어난 조신

이제 조신이 꾼 꿈을 『삼국유사』를 통해 다시 들여다보기로 하자.

오랫동안 사모해온 여인에게 배필이 생겼다니……. 조신은 김흔의 딸에게 짝이 생겼다는 말을 듣고는 무척이나 슬펐다. 그리하여 불당 앞으로 가 자기의 소원을 이루어주지 않는 관음보살을 원망하며 날이 저물도록 슬피 울었다. 그립고 원망스러운 생각에 지쳐서 어느 틈에 깜박

풋잠이 들었는데, 문득 김흔의 딸이 문을 열며 나타났다. 그녀는 웃는 낯으로 흰 이를 드러내 보이며 말하였다.

"저는 일찍이 스님을 잠깐 뵌 순간부터 지금까지 잠시도 스님을 잊은 적이 없습니다. 부모님의 명령에 몰려 어쩔 수 없이 다른 사람을 따랐으나 지금은 죽어서라도 대사님과 한 무덤에 묻힐 반려자가 되고자 이렇게 왔습니다."

조신은 이에 곤두박질칠 정도로 기뻐서 그녀와 함께 자신의 고향으로 돌아가 40여 년을 함께 살았다. 다섯 자녀를 두었으나 집은 다만 네 벽뿐이요, 나물죽으로도 끼니를 잇지 못하였다. 마침내 실의에 찬 두 사람은 서로 잡고 끌며 입에 풀칠하기 위해 사방을 떠돌아 다녔다. 이렇게 10년을 유랑하니 입은 옷은 갈가리 찢겨 몸을 가릴 수조차 없을 정도였다.

명주의 해현령 고개를 지나다가 큰 아이가 굶주림에 지쳐 죽고 말았다. 아이의 나이 고작 열다섯 살이었다. 부부는 통곡하며 주검을 거두어 길에 묻고 남은 네 자녀를 거느리고 우곡현에 이르러 길가의 풀을 묶어 허름한 집을 짓고 살았다. 이제 부부는 늙고 병들고 굶주려 자리에서 일어나지도 못하였다. 불행은 여기서 그치지 않았다. 밥을 얻기 위해 돌아다니던 열 살짜리 딸아이가 마을의 개에게 물려 앞에 누워 아픔을 호소하니, 부부는 목이 메이도록 흐느끼지 않을 수 없었다. 괴로워하던 부인이 머뭇거리다가 이렇게 말했다.

"제가 당신을 처음 만났을 때는 얼굴도 아름답고 나이도 젊고 옷가지도 무척이나 아름다웠습니다. 맛좋은 음식이 한 가지라도 생기면 당신과 나누어 먹고, 얼마 안 되는 옷가지도 당신과 나누어 입으면서 함께 산 지 50년, 그 사이 정은 더할 수 없이 깊어졌고, 사랑은 얽힐 대로 얽혔으니 정녕 두터운 연분이라 하겠습니다. 그러나 근년에 와서 노쇠와

병고가 해마다 깊어가고, 추위와 배고픔은 날로 더욱 절박해지고, 사람들은 한 칸의 곁방살이, 한 병의 마실 것도 용납하지 아니하니, 문전박대 당하는 수모는 산더미 같아 벅차기만 합니다. 아이들은 추위에 떨고 굶주림에 지쳤어도 어찌할 방도가 없습니다. 이런 판국에 부부간에 애정을 즐길 겨를인들 어디 있겠습니까? 젊은 얼굴에 예쁜 웃음은 풀잎 위의 이슬 같고, 지란 같은 백년가약은 한갓 바람에 날리는 버들가지 같습니다. 당신에게는 제가 짐이요, 저에게는 당신이 근심입니다. 옛날의 즐거움을 곰곰이 생각해보니, 그것이 다름 아닌 우환에 접어드는 길목이었습니다. 당신과 제가 어찌하여 이 지경이 되었는지요? 함께 굶어죽는 것보다는 차라리 짝 잃은 난새가 거울을 향해 짝을 부르는 것만 같지 못할 것입니다. 어려울 때 버리고, 좋을 때 가까이 하는 일은 차마 할 일이 아니겠습니다만, 하고 아니하고는 사람의 뜻으로 되는 것이 아니며 헤어지고 만나는 것도 운명에 달려 있으니 청하건대 이제 헤어지기로 합시다."

이 말을 들은 조신은 슬프기는커녕 도리어 매우 기뻤다. 이에 네 아이들을 각각 둘씩 나누어 갈라서려고 할 때 아내가 말했다. "저는 고향으로 가겠습니다. 당신은 남쪽으로 가시지요." 그러고는 서로 꼭 붙잡은 손을 막 놓고 갈라서려는 찰라, 조신은 꿈에서 깨어났다.

『삼국유사』 권3, 탑상4, 낙산이대성 관음정취조신

조신 설화의 내용을 자세히 들여다보면 꿈 이전과 꿈 그리고 꿈 이후의 세 부분으로 나뉘어 있음을 알 수 있다.

꿈 이전의 조신은 비록 승려이기는 하지만 세속적인 탐욕을 가진 인물이었다. 그는 세달사에 소속된 스님으로 현재 강원도 영월

낙산사 해수관음상 | 조신 설화의 배경이 된 낙산사의 한 켠에서 망망대해를
바라보고 있다.

군에 있는 사원전의 관리자였다. 이렇게 보면 조신은 비록 스님이
기는 하지만 수도에 전념하기보다는 세속적인 일에 더 집착하는
인물이었음을 추측할 수 있다. 그것은 그가 장사에 와 있는 동안
김흔의 딸이 절에 온 것을 보고 마음이 온통 흔들려 낙산사의 관음
보살 앞에 나아가 김흔의 딸과 인연을 맺게 해달라고 빌었던 것을

통해서도 짐작할 수 있다. 하지만 그것은 스님의 신분으로서는 도저히 용납될 수 없는 바람이었다.

그렇다면 조신이 첫눈에 반한 김흔의 딸은 과연 누구였을까. 우선 김흔에 대한 흔적은 『삼국사기』 권44, 열전4에 나타난다. 어려서부터 총명하여 학문을 좋아했던 김흔은 장경長慶 2년(822) 헌덕왕의 명으로 당나라에 들어갔다. 1년 후 다시 신라로 돌아오기를 원하자 당나라 황제가 금자광록대부金紫光祿大夫 시태상경試太常卿의 벼슬을 내렸다. 그리고 마침내 귀국한 김흔에게 헌덕왕은 특별히 남원南原 태수의 벼슬을 주었다. 이후 여러 번 자리를 옮긴 김흔은 강주康州 대도독 자리에 올랐다가 곧 이찬 겸 상국相國의 벼슬까지 차지하게 되었다. 그러다가 민애왕 원년(839) 윤정월에는 대장군이 되어, 군사 10만 명을 거느리고 대구에서 청해진 군사의 침입을 막다가 패전했다. 패배한 것도 수치스러운데 하찮은 목숨을 건졌다는 사실에 좌절한 김흔은 모든 벼슬을 버리고 소백산에 들어가 칡으로 만든 옷을 입고 채식을 하며 스님들과 함께 노닐었다. 이후 병이 들어 대중 3년(849) 8월 27일에 세상을 떠나니, 그때 그의 나이 47세였다. 아들이 없어 그의 부인이 모든 상례喪禮를 주관하였는데, 부인은 장례가 끝난 뒤 비구니가 되었다고 한다. 김흔이 벼슬에서 물러나 소백산에 들어가 스님들과 노닐었다고 한 것을 보면 조신이 머물고 있는 절에도 찾아갔음을 알 수 있다. 김흔의 딸과 조신의 만남은 이때 이루어졌다고 말해도 좋을 것이다.

조신의 꿈이 보여 준 백성들의 고단한 삶

조신의 꿈은 당시 신라 백성들의 삶과 거의 다르지 않았다. 당시 신라 사회는 왕위쟁탈전이 워낙 치열하여 지방사회에는 별다른 관심을 두지 않았다. 중앙 귀족들은 대토지를 소유하였으며, 사원들도 여러 곳에 흩어져 있는 토지를 관리하기 위해 장사를 설치하고 관리인으로 지장을 두었다. 조신도 바로 그 지장 중 한 명이었다. 왕실과 귀족들의 비호 아래 많은 토지와 노비를 기증받아 사찰은 더욱 부자가 되어갔다.

운주사 돌미륵 | 신라말 도선이 만들었다는 '천불천탑의 보고' 화순 운주사의 어느 돌미륵이다. 핍박받던 민초들은 그를 통해 새 세상이 도래하기를 기원하였다.

이런 상황 속에서 적잖은 농민들은 더 많은 조세를 감당해야 했다. 자연히 이를 감당할 수 없게 된 농민들 가운데는 굶어죽거나 견디다 못해 배를 타고 중국으로 건너가는 경우가 종종 있었다. 더욱이 9세기에 들어서면서 자연재해가 잇따르자 농민들의 생활은 더욱 곤궁해졌다. 토지를 상실한 농민들은 귀족들이 소유한 전장에 흡수되어 전호田戶가 되거나 거주지를 떠나 유랑생활을 하였다. 조신 가족들의 떠돌이 생활은 바로 이러한 사회적 문제와 관계가 있었다.

　꿈에서 깬 조신은 꿈속에서 죽은 아이를 파묻었던 자리에서 돌미륵을 얻었다. 새로운 세상을 상징하는 미륵은 아마도 새롭게 성장한 호족들이 세운 나라가 도래했다는 의미가 아닐까. 궁예가 세운 후고구려나 견훤의 후백제가 바로 그 새로운 세상, 새로운 나라였다.

| 조범환 |

참고문헌

이윤석, 「조신설화의 문학적 가치에 관한 소고」 『한국전통문화』 4, 효성여자대학교, 1988
김윤곤, 「나대의 사원장사」 『고고역사학지』 7, 동아대학교, 1991

왕의 장인을 꿈꾸다 암살된 해상왕

문성왕과 장보고의 딸

신라 문성왕대에 청해진 대사 장보고의 암살 사건이 있었다. 장보고는 왜, 누구에게 암살을 당했을까. 관점에 따라 여러 가지 견해가 있을 수 있지만 장보고의 딸이 왕비가 되려다가 실패한 사건이 그 직접적인 원인이라는 데에는 거의 이견이 없다.

장보고의 성장과 청해진

『삼국유사』에는 장보고의 암살과 관련하여 다음과 같은 기록이 있다.

제45대 신무대왕 우징이 …… 이미 왕위를 빼앗은 뒤에 궁파弓巴의 딸을 왕비 삼으려 하니, 여러 신하가 굳이 말리며 말하기를 "궁파는 미천한 사람이니 왕이 그의 딸을 왕비로 삼는 것은 불가하다." 하여, 왕은 그 말을 따랐다.

　이 무렵 청해진에서 진을 지키고 있던 궁파는 자기와의 약속을 지키지 않는 왕을 원망해 난을 꾀하고자 하였다. 장군 염장이 장보고의 소식을 듣고 왕에게 아뢰기를, 궁파가 장차 불충한 일을 하려 하니 제가 이를 없애 버리겠다고 하자 왕은 기뻐하며 허락하였다.

　염장이 왕의 뜻을 받들고 청해진에 들어가 알리는 사람을 통해 말하기를, "내가 임금에게 소소한 원망이 있어 공〔궁파〕에게 의탁해 몸을 보전하려고 한다." 하였다. 이를 전해들은 궁파는 크게 노하여 "너의 무리가 왕에게 말하여 내 딸이 왕비 되는 것을 가로막고서는 어찌 또 나를 보려 하느냐." 하였다. 이에 염장이 다시 사람을 통해 말하기를 "그것은 다른 여러 관리들의 말이요, 나는 참여하지 않았으니 공은 의심치 말라." 하였다. 이 말을 들은 궁파가 그를 청사 안으로 불러들여 말하기를 "그대는 무슨 일로 여기 왔느냐?" 하니, 염장은 "왕의 뜻을 거스른 바가 있어 그대의 휘하에 들어가 해를 면하려고 한다." 하였다.

　이에 궁파는 다행한 일이라 하고는 염장과 술을 나누며 매우 즐거워하였다. 문득 염장이 궁파의 긴 칼을 뽑아 궁파를 베어 죽이니 휘하의 군사들이 모두 놀라 땅에 엎드렸다. 이후 염장이 군사를 이끌고 서울로 돌아와 "이미 궁파를 베었다." 보고하니 왕은 크게 기뻐하며 상을 주고 그를 아간으로 삼았다.

『삼국유사』 기이2, 신무대왕 · 염장 · 궁파

　위의 기록에서 보듯이 자신의 딸을 왕비로 삼겠다고 한 약조를 왕이 지키지 않은 데 원한을 품은 장보고가 난을 일으키려 하자, 이것을 안 왕이 미리 자객 염장을 보내 장보고를 암살하였다.

왕의 장인을 꿈꾸다 암살된 해상왕

장보고는 어떻게 청해진의 세력가가 되었을까?

8세기 이후부터 정치적 혼란과 잦은 반란, 연이은 가뭄과 홍수, 병충해 등의 자연재해, 전염병의 유행, 과중한 조세 부담, 말세 의식, 유언비어의 유행 등으로 인해 신라에는 많은 유이민이 발생하였다. 이들 유이민의 대다수는 직접 생산 계층인 동시에 조세와 공역의 부담을 담당해야 했던 일반 양민층과 그 가족들이었다. 이들 중에는 노비, 고용인, 승려 등으로 신분을 바꾸어 귀족이나 부호 또는 사원 등의 세력에 몸을 위탁하는 경우도 있었고, 이와 달리 유리된 뒤에도 생활이 계속 악화되어 가족이 뿔뿔이 흩어지기도 했다. 한편 유랑 생활 중 다른 유이민을 만나 무리를 형성하거나, 보다 큰 유이민 집단의 일원으로 편입되기도 했다.

특히 지방에 대한 중앙정부의 통제력이 약화되자, 지방민들은 바다로 나가 해적이 되기도 하고, 해외로 진출하기도 했다. 이들은 신라의 지배 영역에서 벗어나 북쪽으로는 대동강을 넘고, 서쪽으로는 중국의 절강성과 산동반도 지역, 남쪽으로는 대마도는 물론 일본 서북부 지역으로 진출하였다. 이 무렵 당나라에서는 신라 노비 매매가 성행하였고, 이와 함께 해적들이 신라의 양민을 납치하여 노비로 팔아넘기는 일이 빈번하였다. 이에 신라는 해적들이 두려워 중국과의 사신 왕래조차 어려워하던 실정이었다. 『삼국사기』 장보고 · 정년 열전에는 다음과 같은 기록이 있다.

장보고〔신라본기에는 궁복弓福이라 썼다〕와 정년鄭年〔연年은 연連으로 쓰기도 하였다〕은 모두 신라 사람인데, 그들의 고향 및 아버지와 할

아버지를 알 수 없다.

　두 사람 모두 싸움을 잘했는데, 정년은 특히 바닷속에서 50리를 헤엄쳐도 숨이 막히지 않았다. 용맹과 씩씩함을 비교하면 장보고가 조금 뒤졌으나 정년이 장보고를 형이라 불렀다. 장보고는 연령으로, 정년은 기예로 항상 서로 맞서 지지 않으려 하였다. 두 사람이 당나라에 가서 무령군武寧軍 소장小將이 되어 말을 타고 창을 쓰니 대적할 자가 없었다.

『삼국사기』 권 44, 열전4 장보고

　장보고는 8세기 말 지금의 완도 지역에서 출생하여 해양 청년으로 성장하다가 9세기 초 당나라에 들어갔다. '활을 잘 쏘는 사람' 이라는 의미를 가진 그의 이름 궁복弓福 또는 궁파弓巴로 보아, 그가 신라 사회에서 지배계층이 아닌 일반 하층민에 속했음을 짐작할 수 있다. 결국 장보고의 신분은 해도인, 즉 바닷가 섬 출신의 평민이거나 그보다 못한 하층 계급 출신이었다.

　추측컨대 당나라로 들어갈 당시 그는 완도와 그 주변에서 발생한 일정 규모의 유이민들을 거느리고 배를 이용해 당나라에 들어간 무예가 뛰어난 청년이었다. 더욱이 810년대 당나라에서는 고구려 후예인 이정기李正己일가의 평로치청 세력을 정벌하기 위해 선봉에 선 무령군武寧軍에서는 많은 군병을 필요로 하였다. 이와 같은 상황에서 장보고와 정년은 뛰어난 무술 실력과 신라에서 거느리고 온 유이민을 바탕으로 무령군에 수월하게 편입된 다음 평로치청 토벌에 공을 세워 나이 서른에 군중소장으로 임명되었다.

　장보고가 무역 활동을 시작한 것은 평로치청 토벌이 끝난 뒤부터였다. 당시 산동반도 남쪽으로 회수와 양자강 어귀를 낀 중국 동쪽

해안 지역에는 신라방新羅坊이 있었다. 장보고는 신라와 일본을 오가며 국제무역을 하는 신라방의 신라인들을 장악하여 재당신라인의 우두머리로 부상하였다. 이어 무령군에는 해적에 의한 신라인의 노비 매매를 근절시키고 신라·당·일본간의 무역을 독점하겠다는 큰 뜻을 품고 귀국하였다. 귀국 후에는 흥덕왕에게 청해진을 설치하여 해적을 소탕하게 해줄 것을 건의하여 왕의 허락을 받고 청해진 대사에 임명되었다.

> 뒷날 장보고가 귀국하여 대왕을 뵙고 말하기를 "중국을 두루 돌아보니 우리나라 사람들을 노비로 삼고 있습니다. 바라건대 청해에 진영을 설치하여 도적들이 사람을 붙잡아 서쪽으로 데려가지 못하도록 해주시기 바랍니다." 하였다. 청해는 신라 해로의 요충지로서 지금〔고려〕완도라 부르는 곳이다. 대왕이 장보고에게 사졸 만 명을 주었다. 그 후 해상에서 우리나라 사람을 파는 자가 없었다.
>
> 『삼국사기』 권44, 열전4 장보고

청해진이 설치된 이후에 장보고는 당시 신라·당·일본의 연안에 횡행하던 해적을 소탕하고, 세 나라 사이의 무역을 독점하였다. 그는 노예 무역에 종사하는 해적을 퇴치한다는 명분 아래 서남해안 지역의 군소 해상 세력들을 단속, 억제하여 그의 휘하에 통합함으로써 해상무역의 막대한 이익을 독점할 수 있었다. 그 결과 장보고는 동아시아 해상무역의 왕자가 되었다. 당시 신라 사회에서 장보고의 청해진은 군사력이나 경제력 면에서 대단한 것이었고 상당히 독자적인 성격을 가졌다. 장보고 세력은 비록 형식적으로는 신라의

장보고 동상 ㅣ 적산법화원 내 장보고기념관 앞에 서 있다. 높이 8m, 무게 6톤의 거대한 청동상이다. 해상왕장보고기념사업회의 주도하에 최근에 조성하였다(중국 산동성 영성시 석도진 적산촌 소재).

왕의 장인을 꿈꾸다 암살된 해상왕

권위 아래 있었지만 그 실제는 일정한 영역의 지배와 국제적 활동 면에서 독립적인 정치 세력으로 발전하였다.

신무왕의 즉위와 장보고 딸의 납비 약조

장보고가 막강한 지방세력으로 성장하고 있을 때, 중앙에서는 흥덕왕이 후사 없이 죽어 본격적인 왕위쟁탈전이 시작되었다. 흥덕왕의 사촌 동생이자 상대등 김균정이 먼저 즉위하려 하였으나, 이를 반대하는 김균정의 조카인 김제륭과 시중 김명 사이에 무력 대결이 생겼다. 이 싸움에서는 김명의 지원을 받은 김제륭이 승리하여 희강왕으로 즉위하였다. 하지만 희강왕의 즉위와 동시에 김명이 상대등을 차지하여 정치적 실권을 장악하였다가 곧 희강왕을 핍박하여 죽이고 스스로 즉위하니, 이가 바로 민애왕이다.

이와 같은 신라 왕경에서의 왕위쟁탈전은 장보고에게 중앙 정계에 진출할 수 있는 직접적인 계기가 되었다.

제45대 신무대왕 우징이 아직 왕이 되기 전에 협사 궁파에게 이르되, "내가 이 하늘 아래 같이 살 수 없는 원수가 있으니 나를 위하여 그 원수를 없애준다면 내가 왕이 되어 너의 딸을 왕비로 삼겠다." 하였다. 궁파가 이를 허락하고 마음과 힘을 같이하여 군사를 일으켜 서울에 쳐들어가 능히 그 일을 이루었다.

『삼국유사』 기이2, 신무대왕 · 궁파 · 정년

신라 속의 사랑 사랑 속의 신라

장보고의 지원과 신무왕의 즉위 | 장보고는 딸을 왕비로 맞이하겠다고 약속을 받고 신무왕을 도와 주었다(해상왕장보고기념사업회 제공).

희강왕이 즉위한 뒤 김균정의 아들인 김우징은 화가 자신에게 미칠 것을 두려워하여 청해진 대사 장보고를 찾아가 의지하였고, 김양金陽도 군사를 모집하여 청해진에 들어와 거사 모의에 참여하였다.

얼마 후 김우징은 왕경에서 발생한 민애왕의 찬탈 소식을 듣고 장보고에게 "김명민애왕은 왕을 시해하여 스스로 왕이 되었고 이홍은 죄 없는 군부君父를 죽였으니 그와 함께 하늘을 볼 수 없다. 바라건대 장군의 군사에 의지하여 원수를 갚으려 한다."고 부탁하였다. 아울러 김우징 부자는 왕위에 오르면 장보고의 딸을 왕비로 삼겠다고 약속했다.

그리하여 838년 12월 장보고가 후원하는 김우징의 군대는 이듬해 정월 왕경으로 쳐들어가 월유택月遊宅으로 도망친 민애왕을 붙잡아 살해하였다. 이로써 836년 흥덕왕의 죽음과 함께 시작된 3년여의 정쟁은 장보고의 개입으로 마무리되고, 839년 김우징이 즉위하니 이가 바로 제45대 신무왕이다.

지방에서 독자적인 세력을 갖춘 장보고는 이 사건을 계기로 중앙 정계에 진출하고자 하였다. 해상무역 활동을 통해 신라 조정에 맞서는 군사력과 경제력 등을 소유한 장보고에게 김우징과 김양의 정치적 부탁은 중앙 정계에 진출할 수 있는 절호의 기회가 되었다.

장보고의 특진과 골품제의 변질

장보고는 김우징의 찬탈을 통한 정권 창출을 도운 최고의 공로자였으며, 그 대가로 839년 신무왕으로부터 감의군사라는 관직과 2000호의 실봉을 받았다. 그리고 문성왕이 즉위한 직후인 839년 8월에는 다시 진해장군에 봉해지면서 장복章服을 하사받았다. 그 결과 장보고와 김양 등 신무왕을 도왔던 귀족세력들은 모두 그에 상응하는 권력을 얻었다.

한편, 우여곡절 끝에 즉위한 신무왕은 그러나 채 6개월이 되지 않아 죽었다. 왕위쟁탈전에서 쌓인 모순과 완력 관계는 아들 문성왕에게로 고스란히 넘어오게 되었다.

장보고가 흥덕왕과 신무왕, 문성왕 부자로부터 받은 청해진 대사, 감의군사, 진해장군 등의 관직은 종전의 신라에는 없던 것으로, 이들 관직을 장보고에게 제수한 것은 신라의 골품제 규정에서 벗어난 것이었다. 골품제도에 따르면 백성들은 관직에 나갈 수 없으므로 장보고 역시 원칙적으로는 관직을 차지할 수 없었음이 분명하다. 그럼에도 장보고에게 관직을 내린 것은 그의 공적을 높이 평가했다는 반증이기도 하지만, 다른 한편으로 골품제의 엄격성이 서서히 무너지기 시작했음을 나타낸다.

장보고, 암살당하다!

왕위를 둘러싼 진골귀족 간의 내분과 정쟁이 해결되지 않은 상태에서 즉위한 문성왕에게는 자신의 왕권을 지지해줄 세력이 필요했다. 이러한 상황에서 문성왕은 장보고와의 약속에 따라 그의 딸을 차비次妃로 맞으려 하였다. 그러나 당시 중앙의 귀족들은 그처럼 미천한 신분을 왕비로 맞을 수 없다며 모두 쌍수를 들었다. 그리고 얼마 후 장보고의 암살 사건이 발생하였다.

> 봄 3월에 청해진 대사 궁복의 딸을 아내로 맞아 둘째 왕비로 삼으려 했으나, 조정의 신하들이 간하여 말하였다. "부부의 도리는 사람의 큰 윤리입니다. 하夏나라는 도산씨塗山氏로 인하여 흥하였고 은殷나라는 신씨娎氏로 인하여 번창하였으며, 주周나라는 포사褒姒 때문에 망하였고 진晉나라는 여희驪姬 때문에 어지러워졌습니다. 나라의 존망이 달려 있는 문제이니 신중해야 할 일이 아니겠습니까? 섬사람 궁복의 딸이 어찌 왕실의 배우자가 될 수 있겠습니까?" 이에 왕이 그 말을 따랐다.
>
> 『삼국사기』 권11, 문성왕 7년

왕의 장인이 되기로 한 일이 좌절되자 이를 분하게 여긴 장보고는 청해진을 거점으로 반란을 일으키려 하였다. 『삼국사기』 문성왕 8년(846)조에는 "청해진 대사 장보고는 왕이 자기 딸을 맞지 않는 것을 원망하고 청해진에서 모반하였다."고 되어 있고, 『삼국유사』 신무대왕·염장·궁파조에는 장보고가 "왕의 약속 위반을 원망하여 난을 꾀하고자 하였다."고 기록되어 있다. 이에 위협을 느낀 신라 조정에서는 무주 사람 염장을 동원하여 결국 장보고를 암살하였다.

그러나 장보고 암살의 배후에는 딸의 납비 문제와 더불어 여러 가지 복잡한 요인이 얽혀 있었던 것 같다. 문성왕이 장보고의 딸을 왕비로 취하려 하자 중앙 귀족들은 골품제의 규정을 원용하여 이를

장보고 당제 | 전라남도 완도군 완도읍 장좌리에서는 매년 정월 대보름 일출 무렵에 마을주민 모두가 참여하여 장보고를 위한 당제와 당굿을 지낸다.

반대하였다. 다시 말하자면 장보고의 암살에는 당시 정치적 갈등이 개재되어 있기는 하지만, 주요 원인은 골품제를 바탕으로 한 종래의 신분체제를 지속시키려는 중앙 진골귀족층과 이를 부인하려는 신흥 지방세력가들 사이에 있었던 갈등이었다. 진골귀족 중심의 중앙 정치세력들에게는 장보고가 보유한 청해진의 군사력이나, 왕실과의 통혼 그리고 중앙 정계로의 진출 등 모든 것이 부담스러웠을 것이다. 그리고 청해진 세력의 등장으로 해상무역의 이익이 축소된 서남해안의 군소 상인들도 장보고의 국제무역 독점에 반감을 가졌던 것 같다. 결국 이런 요인들은 중앙 귀족세력의 납비 거부라는 구체적인 행동으로 표출되었고, 염장의 장보고 암살로 마무리되었다. 장보고의 암살 이후 문성왕 13년(851) 청해진은 폐지되었으며, 그곳의 민호들은 벽골군碧骨郡으로 이주했다.

비록 장보고는 권력 다툼에 의해 희생되었지만, 그동안 왕위쟁탈전으로 분열되었던 중앙의 진골귀족들은 그를 제거하는 과정에서 지방세력의 대두에 대항하기 위하여 재결합하는 양상을 보였다. 염장을 이용하여 장보고를 암살하는 데 성공한 문성왕은 문성왕 4년(842) 3월 신무왕의 즉위과정에서 최고의 공로자인 김양金陽의 딸을 비로 맞아 김양의 후원을 받으면서 왕권을 강화해 나갔다.

장보고 암살 사건의 중심 인물은 김양이라 할 수 있다. 김양은 왕위쟁탈전에서 김균정, 김우징 부자를 지지했던 인물이다. 그는 김균정, 김우징 부자를 적극 지원하여, 드디어 신무왕이 즉위하자 그 공으로 소판蘇判의 관등과 창부령倉府令의 관직을 받았다. 그러나 문성왕대에 들어 장보고 딸의 납비 문제가 불거지면서 두 사람 사이의 대립이 시작되었고, 급기야 김양은 장보고의 암살을 주도하기에 이르렀다.

이렇듯 신라 내부에서 장보고는 해상무역을 통한 적극적이고 주체적인 세계화의 추진 세력이었으나, 중앙의 왕과 영원한 출세를 보장하는 골품제도에 안주하려는 진골귀족들에 의해 암살되고 말았다. 장보고의 이와 같은 생애와 활동은 신라 말 지방사회에서 대두한 호족세력의 단초가 되었다는 점에서 중요한 역사적 의미를 지닌다.

| 김창겸 |

참고문헌

완도문화원, 『장보고의 신연구』, 1985
김창겸, 「8~9세기 신라 정치사회의 변화와 장보고」『대외문물교류』 창간호, 2002
김창겸, 『신라 하대 왕위 계승 연구』, 경인문화사, 2003

두 공주를 아내로 맞은 화랑

경문왕

신라 제48대 경문왕은 헌안왕의 맏사위가 되어 왕위를 계승한데 이어 전왕의 둘째 딸도 왕비로 맞아들였다. 요샛말로 하면 처제를 후비로 삼은 셈이다. 그에게는 어떤 능력이 있었던 것일까.

응렴, 왕의 시험을 통과하다

재위한 지 4년째 되던 해 가을 9월. 헌안왕이 임해전에서 여러 신하들을 모아 잔치를 베풀었는데, 그 중에는 열다섯 살 난 왕족 응렴도 있었다. 문득 응렴의 마음을 떠보고 싶어진 왕이 그에게 물었다.

"너는 한동안 돌아다니면서 공부를 했다고 들었다. 그래, 그동안 착한 사람을 본 일이 없었는가?"

"저는 일찍이 세 사람을 보았는데 그들에게 착한 행실이 있다고 생각됩니다."

"그래? 어떤 것인가?"

"한 사람은 귀한 집 자제이면서 남과 사귐에 있어서는 자기를 먼저 하지 않고 항시 남의 아래에 처하였으며, 또 한 사람은 집에 재물이 넉넉하여 사치스러운 옷을 입을 수 있었는데도 항상 삼베와 모시옷을 입으며 만족하였습니다. 그리고 한 사람은 권세와 영화를 누리고 있었으나 일찍이 한 번도 다른 사람에게 위세를 부리지 않았습니다. 제가 본 것은 이와 같습니다."

왕이 듣고서 잠자코 있다가 왕비에게 귀엣말로 "내가 많은 사람을 보아왔지만 응렴만 한 사람이 없었다." 하고는 자신의 딸을 그의 아내로 삼게 할 마음을 갖게 되어 응렴에게 말하였다.

"바라건대 그대는 자중자애하라. 내게 딸자식이 있으니 그대의 잠자리를 모시도록 하겠다."

그리고는 응렴에게 술자리를 베풀고 함께 즐기다가 조용히 말하였다.

"내게는 두 딸이 있다. 언니는 스무 살이고 동생은 열아홉 살이다. 오직 그대가 원하는 대로 선택하라!"

급구 사양하다가 거절할 수 없어진 응렴은 일어나 왕에게 감사의 절을 하고 집으로 돌아와 이 사실을 부모에게 알렸다.

『삼국사기』 권11, 헌안왕 4년

응렴의 답변에 대해서는 여러 가지 해석이 제기되었다. 우선 지방 호족의 영향력이 점점 커지는 것에 대한 중앙 지배세력의 우려를 나타내고 있다는 설명이다. 둘째로 이것은 김응렴의 실제 경험이 아니라 그의 유교적 지식을 바탕으로 지어낸 이야기라는 해석이다. 실제로 경문왕은 유학 및 한학에 대한 조예가 매우 깊었다고 한다.

그렇다면 헌안왕을 만났을 당시 응렴은 몇 살이었을까. 이에 대해 『삼국사기』는 15세, 『삼국유사』는 20세로 기록하고 있는데, 당시 진골 출신인 화랑이 처음 관직에 나가는 연령이 대개 스무 살 전후였으므로 후자의 경우가 좀 더 신빙성이 있다. 그러나 15세 전후에 국선이 되는 경우도 많았으므로 『삼국사기』의 기록도 부정할 수는 없겠다. 종합해 보면 응렴은 15세에 국선이 되고 여러 해 동안 수련을 거친 뒤에 스무 살 무렵 연회에 참석한 것이 아니었나 싶다. 『삼국사기』의 찬자가 응렴의 나이를 15세로 기록한 것은 이와 같은 사정에서 말미암은 것이라 생각된다.

한편 『삼국유사』보다는 『삼국사기』의 기록이 좀 더 구체적이다. 가령 『삼국사기』에는 응렴의 신분을 왕족이라 하고 뒷부분에서 그가 화랑이라는 것을 밝혀서 구체화한 반면, 『삼국유사』에는 단순히 국선이라고 적혀 있을 뿐이다. 이렇게 볼 때 김응렴은 나이 스무 살 정도 되던 해에 임해전으로 불려가 헌안왕을 만나고 여러 진골 지배자들 앞에서 왕의 사위가 되기 위한 시험을 치른 것으로 짐작할 수 있다. 헌안왕은 여러 사람들이 있는 가운데서 객관적이며 공정한 방식으로 그를 시험한 것이다. 결국 헌안왕의 시험을 무사히 통과한 응렴은 왕의 사위가 될 수 있는 자격을 얻었다.

가족회의를 배반하고 범교사의 충고를 따르다

헌안왕 앞에서 시험을 친 후 집으로 돌아온 응렴은 우선 부모의 의견을 물었다. 『삼국사기』에는 부모의 의견을 묻는 것으로 되어 있지만, 『삼국유사』에 따르면 부모뿐 아니라 형제자매들의 의견도 물었다고 한다. 그는 단순히 누구와 결혼을 하는가의 문제뿐 아니라 과연 결혼을 해도 좋은지, 다시 말해 왕의 사위가 되어도 좋은지 의논을 했던 것으로 판단된다. 왜냐하면 왕의 사위가 된다고 해서 곧바로 왕위에 오르고 영화로운 생활을 보장받는 것이 아니기 때문이다. 도리어 큰 화를 당하는 수도 있었으니 응렴에게는 다분히 위험한 제안이었다. 결국 응렴의 가족은 둘째딸을 선택했다.

들건대 왕의 두 딸의 용모는 언니가 동생만 못하다고 한다. 만약 어쩔 수 없다면 마땅히 그 동생에게 장가드는 것이 좋겠다.

『삼국사기』 권2, 기이2, 경문대왕

임해전 | 경주 안압지 내에 있는 임해전은 동궁으로 추정된다. 이곳에서 주로 군신들에게 연회를 베풀었다(경상북도 경주시 소재).

이때까지만 해도 응렴과 그의 가족은 왕위계승 문제에 대해서는 크게 관심을 두지 않았던 것 같다. 다만 누구를 선택하여 부인으로 맞을 것인지가 중요했다. 하지만 응렴의 낭도 가운데 수석의 위치에 있는 범교사가 뒤늦게 달려왔을 때 상황은 달라졌다.

『삼국유사』 경문대왕

낭의 무리중의 으뜸인 범교사가 이 말을 듣고 낭의 집에 와서 낭에게 물었다.

"대왕께서 공주를 공의 아내로 주고자 한다는데 그것이 사실입니까?"

"그렇습니다."

"어느 공주에게 장가를 들 것입니까?"

"부모님께서 나에게 둘째 공주가 좋다고 하십니다."

"낭이 만약 둘째 공주에게 장가를 든다면 나는 반드시 낭의 면전에서 죽을 것이며, 첫째 공주에게 장가를 든다면 반드시 세 가지 좋은 일이 있을 것이니 살펴십시오."

"그 말대로 하겠습니다."

『삼국유사』 권2, 기이2, 경문대왕

응렴이 가족회의의 결정 사항을 뒤집은 것은 아마도 헌안왕의 맏

딸과 결혼하면 세 가지 좋은 일이 생길 것이라는 범교사의 귀띔 때문이 아니었을까. 물론 세 가지 좋은 일이 무엇인지는 위에 제시한 기록만으로는 알 수 없지만 응렴은 범교사의 제안에 무척 솔깃했던 것 같다. 자기의 말을 듣지 않고 둘째딸에게 장가간다면 면전에서 죽을 것이라는 범교사의 협박 또한 응렴으로 하여금 결심을 바꾸게 한 이유가 되었을 것이다. 범교사는 낭도들 중 특히 정신 교육을 담당하는 낭도들의 정신적 지주였다. 비록 응렴이 화랑의 자격으로 여러 사람들을 이끌었다 해도 정신 교육을 담당하고 있던 범교사의 말을 듣고 집안의 결정 사항을 바꾼 것을 보면 범교사의 위상이 매우 컸음을 짐작할 수 있다.

왕위에 오르자 다시 처제를 취하다

왕의 사위가 된 응렴은 몇 달 뒤 왕위에 올랐다. 『삼국사기』와 『삼국유사』의 기록을 보면 왕의 뜻을 받아들이기로 한 몇 달 뒤에 헌안왕은 끝내 병석에서 일어나지 못하고 죽었다.

봄 정월에 왕이 병으로 자리에 누워 오랫동안 낫지 않았으므로 좌우의 신하들에게 일렀다.

"과인은 불행히 아들이 없고 딸만 있다. 우리나라의 옛일에 비로 선덕과 진덕 두 여자 임금이 있었으나, 이는 암탉이 새벽을 알리는 것과 비슷하므로 본받을 일이 못된다. 사위 응렴은 비록 나이는 어리지만 노련하고 성숙한 덕을 가지고 있다. 경들이 그를 왕으로 세워 섬기면 반드시 선조로부터 이어온 훌륭한 왕업을 떨어뜨리지 않을 것이다. 그러면 과인은 죽어도 썩지 않을 것이다."

『삼국사기』 권11, 헌안왕 5년

자신의 딸이 왕위를 이어받아 치열한 왕위 쟁탈전의 희생양이 되는 것을 원하지 않았던 헌안왕은 유조를 통하여 왕위를 사위에게 물려주었다. 그리하여 왕위에 오른 응렴은 기다렸다는 듯이 헌안왕의 둘째 딸

개선사석등기 탁본 ∣ 경문왕과 문의왕후 그리고 대랑주가 발원하여 석등을 조성한 내용이 기록되어 있다.

을 왕비로 맞았다. 그리고 나서 흥륜사 승려 범교사를 불러 전에 그가 귀띔한 세 가지 이익에 대하여 물었다.

"스님께서 전에 말한 세 가지 이익이라는 것이 무엇입니까?"
〔승려가〕 대답하였다.
"당시 왕과 왕비가 자기들의 뜻과 같이한 것을 기뻐하여 총애가 깊어진 것이 첫째요, 이로 인하여 왕위를 잇게 된 것이 두 번째이며, 전부터 바라던 막내딸을 마침내 아내로 삼을 수 있게 된 것이 세 번째입니다."
그러자 왕이 크게 웃었다.

『삼국사기』 권11, 경문왕 3년

두 공주를 아내로 맞은 화랑

마침내 범교사의 대답을 들은 경문왕은 그를 대덕으로 삼고 금 130량을 하사하였다고 한다. 『삼국유사』에 따르면 범교사가 임금에게 전에 귀뜸한 '세 가지 좋은 일'에 대해 말한 것이 왕위에 오른 직후라고 하지만, 『삼국사기』에는 이와 달리 임금이 된 지 3년째 되던 해라고 적혀 있다. 이야기의 결말 또한 다르다. 『삼국사기』는 왕의 웃음으로 끝나지만, 『삼국유사』에 따르면 왕이 범교사에게 큰 상금과 대덕이라는 벼슬을 내렸다고 한다.

결말이야 어찌됐든 범교사의 충고를 받아들여 못생긴 맏공주를 아내로 맞은 응렴. 급기야 왕위에도 오르고 아름다운 처제도 아내로 맞았으니 과연 행운의 사나이라 불러 마땅하지 않을까.

| 조범환 |

김창겸, 「신라 경문왕대 수조역사의 정치적 고찰」 『계촌 민병하교수 정년기념논총』, 정음문화사, 1985
전기웅, 「신라 하대말의 정치사회와 경문왕가」 『부산사학』 16, 1990
송은일, 「신라하대 경문왕계의 성립」 『전남사학』 22, 2004
조범환 외, 『임금님 귀는 당나귀 귀』, 푸른역사, 2004

헌강왕의 야합과 비진골왕의 등장

효공왕

　　신라 하대의 왕위계승은 무척 혼란스러운 양상을 보였다. 가장 이상적인 것은 부자계승이었으나 이 원칙은 후손이 단절되거나, 후손이 있어도 너무 어리거나 또는 각종 정치적 이유 등으로 지켜지지 못하는 경우가 더러 있었다. 헌안왕의 경우가 그런 좋은 예였다. 헌안왕에게 이른바 '남자가 없고 딸만 있음無男子有女'을 이유로 사위인 경문왕이 왕위를 계승해 경문왕가 왕통을 성립하였다.

　　이보다 앞서 청해진 대사 장보고의 도움으로 신무왕이 즉위하면서 이른바 균정계均貞系 왕통을 이루었지만 그는 왕위에 오른 지 불과 6개월 만에 죽고 말았다. 아들 문성왕이 뒤를 이었으나 그의 태자가 일찍 죽어 어쩔 수 없이 숙부 헌안왕이 왕위를 계승했다. 그러나 공교롭게도 헌안왕은 오직 딸만 둘을 두어 왕위의 부자계승은 불가능해졌다. 그리하여 헌안왕은 사위인 응렴에게 왕위를 이으라는 유언을 내렸고, 이에 따라 경문왕이 즉위하니, 경문왕가가 성립되었다.

　　경문왕이 죽은 후에는 그의 아들 헌강왕이 즉위하였다. 그러나 헌강왕 또한 왕위를 이을 적합한 아들을 두지 못했고, 그의 아우 정강왕이 헌강왕의 뒤를 이었다. 하지만 안타깝게도 정강왕은 재위 1년 만에 죽었다. 정강왕의 여동생 만曼이 진성여왕으로 즉위하게 된 것은 바로 이런 까닭이었다.

헌강왕의 야합과 요의 출생

즉위 초 진성여왕은 숙부인 위홍魏弘의 도움을 받아 국정을 운영하였지만, 즉위 2년 만에 그가 죽자 정치가 극도로 문란해졌다. 이에 진성여왕은 최치원崔致遠의 시무십여조時務十餘條를 받아들이고, 불교사상의 원용, 왕실의 신성화 추구, 고유사상과 화랑도의 이용 등을 통해 왕과 왕실의 권위 회복에 노력하였으나 큰 효과를 보지 못했다.

오히려 조세 독촉에 반발하여 농민들이 반란을 일으켰고, 지방 세력가인 양길 · 기훤 · 견훤 · 궁예 등이 들고일어나 영토를 침탈하는 등 나라는 헤어날 수 없는 국면을 맞게 되었다. 이러한 상황에서 임기 거의 말년에 가까운 진성여왕 9년(895) 10월 진성여왕 오빠인 헌강왕의 서자 요嶢를 태자로 책봉하였다.

겨울 10월에 헌강왕의 서자 요嶢를 태자로 삼았다. 일찍이 헌강왕이 사냥하러 가는 길에 한 여인을 보았는데, 그 용모가 매우 빼어나 왕의 마음을 움직였다. 이에 왕의 명령에 따라 여인을 수레에 태워 장막으로 만든 임시 궁전에 들어가 야합하니 여인은 곧 임신하여 아들을 낳았다.

체모가 매우 뛰어나게 성장한 그의 이름을 요라 하였다.

　이 소식을 들은 진성왕은 요를 대궐로 불러들여 그의 등을 어루만지며 말하였다. "내 형제자매의 뼈대는 남들과 다르다. 이 아이의 등에 뼈두 개가 불룩 솟아 있으니 진정 헌강왕의 아들이구나!" 이에 담당 관청에 명을 내려 예를 갖추어 요를 책봉하여 받들게 하였다.

『삼국사기』 권11, 진성여왕 9년

　진성여왕 9년에 이르러서야 태자 책봉이 이루어진 것으로 보아 그 전까지 요의 존재는 철저히 감추어져 있었던 것 같다. 헌강왕의 서자였던 효공왕은 헌강왕이 죽기 전에는 헌강왕의 아들로서는 물론 경문왕가의 왕족으로조차 인정받지 못하였다. 더구나 그의 어머니는 진골귀족 출신은 커녕 짐작컨대 미천한 출신의 여자였으며, 그것도 야합으로 맺어진 인연이었다. 심지어는 헌강왕이 오늘날 울산지방에 순행을 나갔다가 데리고 온 처용處容이 효공왕이라는 주장도 있으나 근거가 희박하다. 그러므로 효공왕은 신라시대 골품제의 원칙에 따르면 진골귀족이 될 수 없었다.

　진골 신분을 좌우하는 것은 기본적으로 출생 성분이었다. 부모가 모두 진골이라면

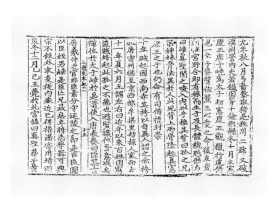

『삼국사기』 권11, 진성여왕 본기 ｜ 9년 10월에 헌강왕의 서자 요를 태자로 책봉한 내용이 있다.

헌강왕의 야합과 비진골왕의 등장

그 자식 또한 자연히 진골 신분을 갖게 되었지만, 부모의 신분이 다른 경우에는 변화가 있었다. 다시 말해 아버지가 진골이라 해도 그의 서자라면 어머니의 신분을 따라 낮아지는 경우가 있었다. 요의 경우가 그랬다. 비록 헌강왕의 아들이었으나 진골이 아닌 여자와의 사이에서 태어난 서자이므로 요는 진골 왕족이 될 수 없었다.

여기서 특이한 점은 진골 왕족이 아니었음에도 요가 태자에 책봉되었고 실제로 왕위에 올랐다는 것이다. 만약 철저한 골품제의 원칙을 따랐다면 이것은 있을 수 없는 일이었다. 그런데도 요가 즉위한 것으로 보아 당시 이미 진골만이 왕위를 계승할 수 있다는 왕위 계승의 원칙이 무너지기 시작했음을 짐작할 수 있다.

신라 하대에 이르러서는 왕위의 남계계승이 무너지고 사위계승과 누이계승이라는 변형적 양상이 나타나기도 했다. 또 서자 출신인 비진골 신분의 왕이 즉위하였다. 진골 출신 왕의 재위는 진성여왕대에 이르러 사실상 그 기능을 상실했다. 궁극적으로 이러한 현상은 한국사의 발전과정에서 새로운 단계로의 진전을 시사한다.

진성여왕의 선위와 효공왕의 즉위

요를 태자로 책봉하면서 진성여왕은 요의 골법骨法을 들어 헌강왕의 아들이라는 것을 분명히 강조했다. 여기서의 골법이란 왕실 혈통을 의미하는 동시에 일정 가계에 나타나는 신체적 특징으로서, 왕실 혈통의 신성성神聖性과 결부되어 강조되었다. 이것은 진성여왕의 즉위과정에서 그녀의 골법이 장부와 같다고 한 것과 같은 맥락이었다.

이처럼 진성여왕이 형제의 골격이 남다르다는 특수성을 내세운 것은 경문왕가의 특이성을 강조한 독특한 왕족의식으로, 결국 경문왕가와 여타 김씨와의 차별성을 부각시키기 위한 것이었다. 경문왕가를 고수하려는 진성여왕의 이와 같은 의도는 효공왕에게 왕위를 계승하게 하는 결과를 낳았다.

한편 효공왕의 즉위에는 헌강왕의 아들이라는 혈연적 요인과 더불어 당시의 정치·사회적 요인이 크게 작용한 것으로 보인다. 비록 진성여왕이 요에게 태자 책봉이라는 정상적인 왕위계승 절차를 통하여 왕위를 물려주었지만 그 이면에는 또 다른 배경이 있었다. 실제로 진성여왕은 실정失政에 대한 책임을 지고 강제로 퇴위된 것이나 다름없었다. 진성여왕은 자신이 임금 자리에 있는 동안 백성들이 점점 궁핍해지고 도적이 봉기하여 정국이 혼란해진 것에 대한 책임을 지고 왕위에서 물러난다고 하였다.

요의 태자 책봉은 신라시대 기존의 사례와는 분명히 다른 모습이다. 지금까지는 태자란 일반적인 성격 그대로 왕의 아들을 원칙으로 했고, 특별한 경우에는 왕의 손자나 아우가 책봉되었다. 그럼에도 고작 나이 15세도 안 되는 요를 태자로 삼았으니 진성여왕은 경문왕의 후손을 찾아 왕가의 정통성을 회복한다는 명목으로 실정에 대한 면죄부를 만든 것이다. 이를 두고 진성여왕은 "후계자를 밖에서 구하지 않고 안에서 천거하였다."고 말했다. '밖'이라면 넓은 범위의 왕족을, '안'이라면 좁은 혈연집단으로서 경문왕가를 가리키는 말이다. 이것은 정치·사회적 난국을 감당할 자신감을 상실한 진성여왕의 고뇌에 찬 선택이었다.

즉위 11년(897) 6월에 진성여왕은 좌우의 신하들에게 태자 요에게 선위한다고 하였다. 이 선위 명령은 실질적으로는 유조遺詔의 성격을 갖는다. 유조의 성격이 왕위계승에서 친족관계나 정치적 권력구조상 분쟁의 여지가 있는 계승자의 지위를 확고히 하는 것임을 고려하면, 효공왕의 즉위는 그만큼 문제가 많았음을 짐작할 수 있다.

그리고 이 사건의 배후에는 퇴위하는 진성여왕과 정치세력간의 모종의 타협 내지는 묵계가 있었던 듯하다. 비록 실정을 책임지고 물러나는 상황이지만 유교적 군주국가에서 최소한 권위와 결정권은 행사하였을 것이다. 진성여왕이 죽은 것도 아니고, 비록 무능한 왕이지만 재임 중 미리 왕위계승 예정자로 책봉한 태자 요의 존재를 당시 귀족들은 물론 정치권에서도 인정하였을 것이다. 만일 이를 부정하였다면 일종의 정변으로서 군사적 행동이 있거나, 또는 그녀에 대한 처벌을 가했을 것이다. 하지만 진성여왕은 퇴위 후에도, 『증보문헌비고』 권42, 제계고帝系考3 태상왕太上王의 첫머리에 '신라진성여왕新羅眞聖女王'을 들었듯이, 상왕上王으로서 자연의 수를 누리다가 그 해 12월 북궁北宮에서 죽었다. 그러므로 진성여왕이 퇴위하는 선에서 당시 귀족 및 정치세력과의 합의가 있었던 것으로 추측된다.

신라의 혼란과 후삼국의 대립

이미 진성여왕대의 농민 반란을 기점으로 신라는 전국적인 혼란에 빠져들었다. 효공왕대에는 이러한 혼란이 더욱 가속화되어 신라는 멸망을 향해 거침없이 질주하고 있었다.

북쪽에서 등장한 궁예의 세력이 날로 커져가고 있었다. 898년 7월, 궁예는 패서도와 한산주 안의 30여 성을 장악하고 송악으로 본거지를 옮겼으며, 홍암·금포·혈구 등 30여 성을 또다시 점령하였다. 899년 7월에는 북원의 양길이 국원 등 10여 성주를 시켜 궁예를 공격하다가 도리어 비뇌성에서 크게 패하였다. 이처럼 궁예를 비롯한 지방세력 간의 다툼이 본격화되면서 신라의 사정은 점점 더 어두워졌고, 이와 같은 신라의 현실에 실망한 당시 최고의 지식인 최치원은 면직되어 가야산 해인사에서 은둔하였다.

효공왕 4년(900)에는 후백제의 견훤이 스스로 왕으로 칭하였으며, 10월에는 궁예가 왕건을 보내 국원과 청주 등을 빼앗았다. 901년 8월 견훤이 대야성을 공격하였으며, 드디어 궁예가 스스로를 왕이라 하고 국호를 후고구려라 하고는 영주 부석사에 걸려 있는 신라 왕의 화상을 칼로 치면서 적개심을 드러냈다. 이처럼 궁예와 견훤의

『삼국사기』 열전 견훤   『삼국사기』 열전 궁예

침공을 받은 신라는 존망의 기로에 서게 되었다. 그러자 효공왕은 효공왕 6년(902) 2월 일찍이 화랑으로 이름을 떨친 왕족 출신 대아찬 효종孝宗을 시중에 임명하고, 4년 뒤 1월 파진찬 김성金成을 상대등으로 삼아 난관을 극복하려 하였으나 대세는 이미 걷잡을 수 없이 기울고 있었다.

효공왕 7년 3월 후고구려 왕건이 수군을 거느리고 금성 등 10여 성을 공격하여 차지하였다. 시간이 갈수록 궁예의 세력은 더욱 커졌다. 궁예는 철원·부양 등지에 가서 산수를 돌아보며 새로운 수도를 모색했다. 904년에는 여러 관직을 새로 설치해 국호를 마진摩震, 연호를 무태武泰로 고쳤다. 효공왕 9년(905) 7월 급기야 궁예는 국도를 철원으로 옮겼다. 그리고 8월 마진이 신라의 변방 고을을 침탈하였다. 또 906년 4월에는 궁예가 보낸 왕건이 신라의 중요 지역인 상주 사화진에서 견훤과 싸워 이겼다. 907년 후백제가 신라를 공격하여 일선군一善郡 이남 10여 성을 점령하였으며, 909년 6월 왕건은 후백제 견훤이 중국 오월吳越로 보내는 사신의 배를 나포하였고, 진도 및 고이도를 점령하고 나주에 진을 두었다. 이에 효공왕 14년(910) 견훤이 직접 보병과 기병 3000명을 이끌고 나주성을 에워싸고 열흘이 지나도록 풀지 않고 압박을 가해 보았으나, 결국 궁예가 보낸 수군의 습격을 받아 물러나고 말았다. 이처럼 궁예와 견훤 간의 세력 다툼은 날이 갈수록 치열해졌고, 그 여파는 신라에게 가중되었다.

설상가상 신라의 상황은 더욱 나빠졌다. 자연재해가 발생하여 906년 4월과 5월에 온 나라가 가물었고, 이 가뭄은 이듬해 봄부터 여름까지 계속되었다. 908년 2월에는 혜성이 나타나기도 하고, 3월

신라 속의 사랑 사랑 속의 신라

에는 서리가 내렸으며, 4월에는 우박이 내렸다. 911년 1월 1일에는 일식이 있었다.

이 무렵 효공왕은 애첩에게 빠져 정치를 등한시했고, 이를 말리는 신하 은영殷影의 간언도 듣지 않았다. 급기야 참다못한 은영이 왕의 첩을 잡아 죽이는 사태에 이르렀고, 결국 912년에는 봉성사 바깥 문 스물한 칸 집에 까치가 집을 짓는 특이한 현상이 있었는데, 효공왕이 죽은 것은 바로 그 해 4월이었다.

| 김창겸 |

참고문헌

조범환, 「신라말 박씨왕의 등장과 그 정치적 성격」 『역사학보』 129, 1991
조범환, 「신라말 화랑세력과 왕위계승 – (김)효종과 김부의 활동을 중심으로」 『사학연구』 57, 1999
김창겸, 「신라 하대 효공왕의 즉위와 비진골왕의 왕위계승」 『사학연구』 58·59, 1999
김기흥, 「신라 처용설화의 역사적 진실」 『역사교육』 80, 2001
김창겸, 『신라 하대 왕위계승 연구』, 경인문화사, 2003
전기웅, 「신라말 효공왕대의 정치사회 변동」 『신라문화』 27, 2006

아내와 역신의 불륜을
노래로 잠재우다

처용

동경東京경주 밝은 달에

밤새도록 노니다가

집에 들어와 잠자리를 바라보니

다리가 넷이어라

둘은 내 것인데

둘은 뉘 것인고

본래 내 것이다마는

빼앗음을 어찌하리잇고

　　신라시대 처용이라는 사람이 밤새도록 놀다가 집에 돌아와보니
아내가 외간 남자와 함께 사랑을 나누고 있었다. 보통 사람이었다면
절대 그냥 넘어가지 못할 일이었지만 웬일인지 처용은 '빼앗긴 걸
어찌하겠는가.'라며 노래 한 소절 달랑 남기고 춤추며 물러났다고
한다. 이것이 신라시대의 유명한 향가 「처용가」에 담긴 이야기이다.

『삼국유사』에 전하는 사건의 전말은 다음과 같다.

신라 제49대 헌강왕대875~886는 서울〔경주〕에서 바닷가 안에 이르기까지 집과 담장이 잇닿아 있고, 초가집은 한 채도 없었다. 거리에는 풍악과 노랫소리가 끊이지 않았고, 바람과 비는 사계절 내내 순조로웠다. 개운포開雲浦지금의 울산시를 순행巡幸 중이던 왕은 곧 궁궐로 돌아가려던 길이었다. 어느 한낮, 왕이 물가에서 쉬고 있었는데 갑자기 구름과 안개가 자욱해져 길을 잃고 말았다. 이를 이상하게 여긴 왕이 측근에게 묻자 일관日官천문을 보고 길흉을 점치는 사람이 아뢰었다. "동해의 용이 술수를 부린 것이니 좋은 일을 하셔야 이를 해결할 수 있겠습니다." 이에 담당 관원에게 명하여 근처에 절을 세워 용을 달래도록 하였다. 왕의 명령이 떨어지기 무섭게 곧바로 구름과 안개가 걷혔다. 개운포라는 이름은 여기서 유래된 것이다.

동해의 용이 기뻐하여 이내 일곱 명의 아들을 거느리고 왕 앞에 나타나 왕의 덕을 찬양하며 춤을 추고 음악을 연주했다. 그 중 한 아들이 왕을 따라 서울에 들어가 정사를 도왔는데, 그가 바로 처용이었다. 왕은 처용에게 미녀를 아내로 삼게 해 그가 딴

처용 탈 ┃ 『악학궤범』에 수록된 처용탈의 모습이다.

아내와 역신의 불륜을 노래로 잠재우다

마음 먹는 것을 막고자 했다. 또한 처용에게 급간級干직을 내렸다. 그런데 처용 부인의 미모가 너무 출중한 나머지 역신까지 그녀를 흠모하게 되었다. 참다 못한 역신은 사람으로 변하여 밤에 처용의 집에 몰래 들어가 그녀와 잠자리를 같이했다. 처용이 집으로 돌아와 보니 안방에 두 사람이 함께 있었다. 처용은 노래를 지어 부르고 춤추며 물러 나왔다. 그러자 역신이 형체를 나타내어 처용의 앞에 꿇어앉으며 말하였다. "제가 공의 아내를 사모하여 지금 그녀를 범했는데, 공이 노여움을 보이지 않으니 감동하여 칭송하는 바입니다. 맹세코 지금부터는 공의 형상을 그린 그림만 보아도 그 집에 들어가지 않겠습니다." 이 일로 말미암아 나라 사람들은 처용의 형상을 문에 붙여서 귀신을 물리치고 경사를 맞게 되었다. 서울로 돌아온 왕은 영취산 동쪽 기슭의 경치 좋은 곳을 골라 절을 세우고 이름을 망해사望海寺라 하였다. 또 신방사新房寺라고도 하니 용을 위하여 세운 것이다.

『삼국유사』 권2, 기이2, 처용랑 망해사

처용 설화, 어떻게 볼 것인가

처용설화는 먼저 무조전설巫祖傳說 내지 주술적 차원에서 주로 이해되었다. 민속학자들과 국문학자들의 연구에 따르면, 처용은 용을 모신 신사에 제사를 지내는 무당의 자격으로 신라 경주에 초빙된 용신龍神의 아들이라고 한다. 이와 더불어 처용의 아내와 역신의 간통은 무녀사회에서는 흔한 의식적 행위로서의 매춘으로, 역신을 용서하는 처용의 행위는 무당거리에서 악귀의 마음을 즐겁게 하여 되

신라 속의 사랑 사랑 속의 신라

돌려보내는 후전풀이의 일
종으로 설명된다.

또한 무당은 지극히 여성
중심의 가정 구조를 가졌으
므로 처용의 부인과 역신으
로 대표되는 외간 남성의
관계는 무사巫事에서 없어
서는 안 되는 과정이라는
것이다. 그러므로 이 둘의

처용 바위 ㅣ 모습도 장엄하기 이를 데 없지만 오랜 풍파를 견디
다 지금은 석유화학공단에서 처량하게 자리를 지키고 있다(울산
광역시 남구 황석동 개운포 소재).

관계에 괘념치 않는 처용의 관대한 태도는 지극히 자연스러운 반응
이라는 주장이다.

그러나 이러한 설명이 처용 설화를 온전히 이해하게 해주는지는
의문이 따른다. 우선 처용을 무당으로 보는 데 무리가 있음을 지적
할 수 있는데, 신라사에서 무당이 정치에 관여하는 제정일치의 시
대는 이미 처용이 살았던 시대로부터 850여 년 전에 끝났다.

곧 제사장을 뜻하는 왕호였던 차차웅次次雄은 제2대 남해왕
(4~24)에서 제3대 유리로 넘어 오면서 연장자를 뜻하는 이사금尼師
今으로 바뀌었다. 따라서 처용설화의 올바른 이해는 이 설화가 발생
하게 된 근거, 다시 말해 설화 속 주인공들이 살았던 시대적 배경을
꼼꼼히 살필 때라야 가능해진다.

과연 처용설화의 진실은 무엇일까.

지방 호족의 아들, 서울에서 방황을 시작하다

처용의 실체를 둘러싼 논쟁은 역사학계에서도 예외가 아니었다. 그 중 가장 먼저 제기되어 여전히 상당한 지지를 받고 있는 주장은 처용이 울산 지방 호족의 아들이라는 것이다. 이러한 주장은 어떤 근거에서 비롯된 것일까.

우선 설화에 등장하는 용을 주목해보자. 신라에는 두 가지 형태의 용이 있는데, 그 하나는 신라 왕을 정점으로 하는 중앙정권을 상징하는 중앙의 용이요, 다른 하나는 호족과 변경의 지방세력을 상징하는 용이라고 한다. 처용설화에 등장하는 용은 물론 후자에 해당한다. 그렇다면 처용은 울산 지방 호족세력의 아들로 볼 수 있다. 이러한 추측에 따르면 헌강왕이 처용을 서울〔경주〕로 데리고 온 것은 지방 세력에 대한 타협책으로 보인다. 처용은 곧 '볼모'인 셈이다. 왕이 처용에게 급간이라는 벼슬과 함께 미인 아내를 주면서까지 자신을 보필하게 한 것은 곧 지방세력에 대한 포섭책이자 동시에 견제책으로 이해가 된다. 그런데 처용은 왜 미인 아내를 마다하면서 밤새도록 노닐며 방황해야 했을까.

일단 '시골뜨기' 처용이 도시 생활에 적응하기란 생각처럼 쉬운 일이 아니었을 것이다. 낯선 환경 탓도 물론이거니와, 사실 그 이면에는 신라의 신분제, 곧 뼈에도 등급이 있다는 그 무서운 골품제骨品制를 무시할 수 없을 듯하다. 헌강왕이 처용에게 내려준 급간〔급찬〕은 신라 경위 17관등 중 제9위에 해당하는 것으로서 주로 6두품들이 받았던 벼슬이었다. 겉보기엔 매한가지 같지만, 6두품에서 진골로의 신분 상승은 신라 사회에서는 사실 절대 '오르지 못할 나무'와

같은 것이었다. 본인의 힘으로 도저히 어찌할 수 없는 신분의 굴레
는 처용에게 심한 좌절감을 안겨주었을 것이다. 때문에 그는 밤새
도록 걷도는 아웃사이더가 될 수밖에 없지 않았을까.

처용은 이슬람 상인이었다

이와 더불어 처용이 이슬람 상인이라는 다소 파격적인 주장도 짚
고 넘어갈 만하다. 주장의 첫 근거는 다음 기록에서 출발하였다.

> 왕이 3월 나라 동쪽의 주와 군을 순행하고 있었는데, 어디서 왔는지
> 알 수 없는 네 사람이 왕의 수레 앞에서 춤을 추었다. 생김새가 해괴하
> 고 이상한 옷차림과 두건을 착용하였다. 당시 사람들은 그들을 일러 말
> 하기를 산과 바다의 정령이라고 하였다.
>
> 『삼국사기』 권11, 헌강왕 5년

『삼국사기』에 전하는 위의
기록은 『삼국유사』에서 헌강왕
이 동해 개운포로 순행을 갔다
가 처용을 데려온다는 내용과
비슷하다. 『삼국사기』가 유교
적 합리주의 사관에 의해 편찬
된 것임을 감안할 때, 헌강왕 5
년(879)에 동쪽으로 순행을 가

황남대총 출토 유리잔 ┃ 코발트 빛깔을 띠는 페르시아
계통의 유리잔으로 경주 황남대총에서 출토되었다.

아내와 역신의 불륜을 노래로 잠재우다

흥덕왕릉 무인상 | 흥덕왕릉의 입구를 지키고 서 있는 무인상으로 움푹파인 눈매에 우뚝한 콧날과 덥수룩한 수염이 아랍계 서역인임을 말해준다.

문관 토용 | 경주시 용강동 석실묘에서 출토된 것으로 얼굴 매무새와 덥수룩한 수염의 모습이 이국적이다.

서 만난 네 사람을 처용 일행으로 보는 것은 무리가 아닐 수 있겠다. 이들이 신라인이 아닌 외국인들이었다는 추측은 이들의 용모가 산과 바다의 정령으로 기록될 정도로 이상했다는 점에서 연유한다. 더구나 처용이 처음 등장한 개운포는 지금으로 말하면 울산항이다.

울산항은 신라시대 이미 국제항으로서의 위상을 누리고 있어서 아라비아 상인들이 중국 양자강 하류의 양주를 중간 기착지로 개운포까지 드나들었다. 처용이 이슬람 상인이라는 주장은 이렇게 탄생하였다.

사실 신라와 서역 간의 교류는 직간접적으로 5세기 이전부터 간간이 이루어지기 시작해 8세기에 이르러서는 이미 활성화된 듯하다. 경주에 있는 돌무지덧널무덤 중 황남대총·천마총·서봉총과 월성로, 미추왕릉 지구 등지에서는 5~6세기로 추정되는 유리잔·목걸이 등 로마·페르시아 계통의 유리제품들이 다량 출토되었다.

특히 8~9세기로 추정되는 용강동 돌방무덤에서 출토된 토용이라든지 괘릉과 흥덕왕릉 앞을 지키고 서있는 무인상은 움푹 파인 눈매와 우뚝 선 콧날, 곱슬머리와 덥수룩한 수염 등 이국적인 서역인의 모습을 생생하게 전해 준다.

다음의 기록은 이슬람 상인들의 신라 내 거주 가능성과 이들이 왜 신라까지 들어왔는지를 단적으로 보여준다.

중국 맨 끝에 신라라는 산이 많은 나라가 있다. 그곳에는 금이 풍부하다. …(중간 생략)… 이슬람교도들이 이 나라에 상륙하면 그곳의 아름다움에 매료되어 한번 정착하면 떠나지 않으려 한다.

이븐 쿠르다지바, 『제도론 및 제왕국 안내서』(885), 170쪽

위의 기록에 따르면 '황금의 나라' 신라의 진면목은 당시 이미 바다 건너 저 멀리 이슬람 세계에까지 소문이 났다. 이쯤 되면 처용이 아라비아 상인이었다는 주장도 전혀 뜬금없는 것은 아닌 듯싶

아내와 역신의 불륜을 노래로 잠재우다

다. 이런 관점에서 본다면 헌강왕이 관직을 주어 처용을 등용한 데에는 이슬람 상인 특유의 교역과 상업 능력을 활용하기 위한 다분히 경제적인 속셈이 숨겨져 있었는지도 모를 일이다. 그리고 이 같은 왕의 속셈에 의해 생면부지의 외국인과 졸지에 부부 사이가 된 처용의 아내 또한 낯선 처지를 극복하지 못하고 다른 남자를 찾았을 수도 있겠다.

헌강왕의 하룻밤 야합으로 낳은 아들, 처용

한편 처용이 헌강왕의 서자 요(효공왕)라는 주장도 있다. 이 주장은 우선 기존에 제기되었던 호족설과 아랍계 이슬람 상인설에 대한 비판에서 출발하였다. 비판의 근거는 우선, 왕권이 안정기를 찾은 헌강왕대에는 경주의 앞마당이라고 할 울산에 왕의 행차를 혼란케 할 만한 호족세력이 있을 수 없으며, 또한 당시 이미 신라와 아랍계 상인들의 교역이 활발했다면 기록에서처럼 해괴하게 여길 리가 없다는 것이다. 그러니 차라리 처용이 동해 용의 아들이며 헌강왕을 따라와 왕경에 살았다는 기록을 통해 처용은 다름 아닌 동해용이 점지해준 헌강왕의 아들, 곧 요라고 생각하는 편이 더 타당하다는 주장이다. 특히 이 주장은 결정적 단서로 설화 끝 부분에 등장하는 신방사新房寺를 주목하였다. 신방사는 순행을 나간 헌강왕이 울산 지방 유력자의 딸과 첫날밤을 치렀다는 절이며, 환궁 후 헌강왕은 신방사에서 하룻밤을 통해 아들 요를 얻었다. 그래서 그의 신분은 진골이 아니라 6두품에 해당하며, 훗날 효공왕이 된 요의 체모가

망해사 전경 | 헌강왕이 동해의 용을 기리기 위해 창건하였는데, 신방사라고도 불렀다(울산광역시 울주군 청량면 문수산 소재).

괴걸한 점이 처용과 일치한다는 점이 이 주장의 요지이다.

　요가 순행 중이던 헌강왕의 야합을 통해 탄생한 서자라는 기록과 비교하면, 요와 처용설화는 일면 어울리는 것 같기도 하다. 더구나 당시 국왕의 순행은 쉽게 이루어지지 않았다. 『예기』 왕제편에는 천자가 제후국을 5년에 한 번 순행한다고 되어 있다. 아주 드물게 두 번 순행한 왕도 있긴 하지만 재위 중 신라 왕들의 순행은 대부분 한 번에 그쳤다. 그러니 이런저런 기록에 전하는 헌강왕의 다양한 순행들은 사실 동일한 한 번의 순행이었을 가능성이 크다. 이런 점에서 처용을 헌강왕의 서자, 요라고 여기는 가능성을 무시할 수 없는

아내와 역신의 불륜을 노래로 잠재우다

것이다.

　처용의 실체에 대해서는 지금까지도 논란이 분분하다. 각각의 주
장이 나름대로 논리적 근거를 갖추고 있어 선뜻 어느 하나를 택한
다는 것이 쉽지 않은 일이다. 그럼에도 불구하고 분명한 사실은 처
용설화의 역사적 진실은 신라인의 마음과 생활을 이해하고 다가서
야만 우리에게 그 비밀의 문을 열어 보여준다는 것이다.

| 장창은 |

이우성, 「삼국유사소재 처용설화의 일분석」『김재원박사 회갑기념논총』, 1969 ;『한국
　　중세사회연구』, 일조각, 1991
이용범, 「처용설화의 일고찰」『진단학보』32, 1969
박병채, 『새로 고친 고려가요의 어석연구』, 국학자료원, 1994
김기흥, 「신라 처용설화의 역사적 진실」『역사교육』80, 2001
김대식, 『처용이 있는 풍경』, 대원사, 2002
신형식, 「신라와 서역과의 관계」『신라인의 실크로드』, 백산자료원, 2002
김창겸, 『신라 하대 왕위계승 연구』, 경인문화사, 2003

두 영혼과 한 남자의 하룻밤 사랑

최치원과 두 여인

사랑을 주제로 한 영화 중에는 비극이 많다. 주인공의 죽음으로 막을 내린 『러브스토리』가 그렇고, 한국 영화 『왕의 남자』에서도 주인공 공길은 결국 연산군과의 숨막히는 이별에 몸을 떨었다. 그래서 사랑을 주제로 한 영화는 두고두고 마음을 적신다. 하물며 죽은 이와의 사랑이야기는 어떨까. 삶과 죽음을 뛰어넘은 애절한 사랑이야기는 신라시대에도 있었다. 신라 최고의 문호로 알려진 최치원이 신라시대 사랑이야기의 대표적인 주인공이다.

두 여인의 영혼과 사랑을 나눈 신라의 수재

몇 년 전 중국 고순현高淳縣에서는 최치원과 관련된 유적 쌍녀분의 복원이 이루어졌다. 전하는 이야기에 따르면 최치원이 쌍녀분을 찾은 것은 이 근방 율수현의 지방관 현위로 재직하던 시절이었다. 현재 고성호固城湖라는 호수 주변의 쌍녀분 유적에는 '쌍녀분'이라 새겨진 비석과 함께 그 이야기를 담은 쌍녀분간개비雙女墳簡介碑가 서 있다. 쌍녀분 이야기의 본래 출처는 『신라수이전新羅殊異傳』이었다.

최치원은 일찍이 율수현의 남쪽 경계에 있는 초현관招賢館에 놀러갔다. 관 앞의 언덕에 오래된 무덤이 있었는데, 사람들은 그것을 쌍녀분이라 불렀다. 이곳은 예전부터 명현名賢이 유람한 곳이라고 전한다. 무덤을 찾은 최치원은 무덤 앞 돌문에

"어느 집 두 여인이 버려진 무덤에 남아 / 쓸쓸한 저승에서 봄을 얼마나 원망하였을고. / 그 모습 시냇가 달에 부질없이 남아 있지만 / 이름을 무덤의 두터운 먼지에게 묻기 어렵구나. / 고운 그대들 혹시 그윽한 꿈에서라도 통할 수 있다면 / 긴 밤 나그네를 위로함이 무슨 허물이리오. / 쓸쓸한 객사에서 비와 구름 같은 만남을 이룬다면 / 함께 낙천신洛川神을 이어서 부르리."

라는 시를 지어 적어두고 돌아왔다.

최치원 영정 | 최치원은 868년 당나라에 유학가 과거에 급제하고 벼슬을 하였다.

초현관은 고성호를 지나 흐르는 율수 옆에 있던 객사의 이름이었다. 이곳은 선성에서 율수를 거쳐 양자강 주변의 윤주를 지나

양주로 가는 교통로에 있었다. 당시 당나라는 가까운 지역이나 가벼운 유람을 즐기도록 문인들을 독려하였고, 최치원의 초현관 여행도 이렇게 이루어졌다. 당시 문인들의 여행은 단순한 유회를 넘어 산천지리를 이해하고, 많은 사람을 만나면서 천하를 다스릴 큰 뜻을 키우는 도전의 장이었다.

또 한편으로는 여행을 통해 관직 진출을 도모하거나 이름을 널리 알리기도 하였다. 많은 사람을 만나다보니, 간혹 최치원처럼 예기치 않은 사랑을 만들기도 하였다.

시를 다 쓰고 객사에 도착하자 하늘에 하얀 달이 뜨고 사방에 맑은 바람이 불었다. 문득 지팡이를 짚고 터벅터벅 걷던 최치원의 눈에 한 여인이 들어왔다. 맵시 있는 자태의 여인은 손에 들고 있던 붉은 주머니를 최치원에게 건네며 "팔낭자八娘子와 구낭자九娘子가 수재에게 말씀을 전하랍니다. 오늘 아침 이곳에 특별히 귀한 걸음을 하고 아름다운 글까지 베푸셨으니 각각 보답하고자 이를 받들어 바친다고 합니다."고 하였다.

이에 놀란 최치원이 "무슨 성을 가진 낭자입니까?" 하고 묻자 여자는 "아침에 덤불을 헤치고 돌을 쓸며 시를 쓴 곳이 바로 두 낭자가 머무는 곳입니다."라고 하였다. 최치원은 곧 사태를 깨닫고 여인이 들고 있던 주머니 가운데 첫번째 것을 펴보았다. 거기에는 팔낭자가 최치원에게 보답하고자 쓴 글이 들어 있었다.

"죽은 넋 이별의 한은 외로운 무덤에 스며 있지만 / 복숭아 같은 뺨 버들 같은 눈썹에는 오히려 봄이 깃들었구나. / 학 타고 삼도三島 가는 길 찾기가 어려워 / 봉황 비녀 헛되이 구천의 먼지에 떨어졌네. / 세상에 있을 때는 내내 나그네가 부끄러웠는데 / 오늘 알지 못하는 이에게

교태를 품었구나. / 부끄럽기 짝이 없지만 시구가 내 마음 알아주니 /
한 번은 고개 들고 또 한 번은 마음 상하네."

곧 이어 펴본 두번째 주머니에는 구낭자의 글이 담겨 있었다.

"오고가는 어느 누가 길가의 무덤을 돌아볼까. / 난새의 거울과 원앙
의 이불에는 먼지가 엉겨붙었네. / 한 번 죽고 한 번 사는 일은 하늘의
명령인 것을 / 꽃피고 꽃 지는 세상은 벌써 봄이로구나. / 매양 진녀秦女
처럼 세상 내버리기만을 바라 / 임희任姬처럼 아름다운 사람 사랑하는
일은 배운 적이 없도다. / 양왕襄王을 모시고 운우雲雨의 꿈을 꾸려하나
/ 이런저런 생각으로 마음만 상하는구나." 그리고 주머니 뒤편에는 이
런 글이 적혀 있었다. "이름을 숨기는 것을 이상하다 하지 마시오. / 외
로운 혼이 세상 사람을 두려워하는 까닭이랍니다. / 장차 마음의 일을
말하고자 하니 / 잠시라도 서로 친할 수 있도록 허락하소서."

쌍녀분의 주인공 팔낭자와 구낭자는 자신의 무덤을 찾아준 최치
원에게 감사하며, 잠시라도 그와 친해졌으면 하는 마음을 부끄럽게
전해왔다. 사랑의 고백을 받은 최치원은 이내 답장을 적었다.

최치원이 그 어여쁜 글을 보고 이내 기쁜 얼굴을 하면서 여인에게
"이름이 무엇입니까?"라고 묻자 여인은 "취금翠襟입니다." 하였다. 그가
기뻐서 유혹하려 하자 취금은 "수재는 경서에 어긋나려 하시는 겁니까?
어찌 사람을 공연히 누를 끼치려 하십니까?" 하며 성을 냈다.

최치원이 이내 "뜻하지 않게 가벼운 글로 옛 무덤을 읊으면서 / 어찌
선녀가 세상일 묻기를 기대했겠는가. / 취금이 오히려 옥처럼 고운 꽃을
자랑하니 / 붉은 소매는 옥수玉樹의 봄을 머금은 듯 / 몰래 이름을 감추

어 세속의 나그네를 속이고 / 문자를 예쁘게 다듬어 시인을 괴롭혔네. / 오직 기쁜 웃음 함께하기를 애타도록 원해 / 천령과 만신에게 빌고 또 빈다." 하며 마지막에 "푸른 새가 무단히 일의 까닭을 알리니 / 잠시 생각에 잠겨 두 줄기 눈물 흐르네. / 오늘 밤 만약 선녀를 만나지 못하면 / 땅속에서라도 구하여 남은 생을 쉬리라."라는 시를 덧붙여 취금에게 건넸다.

취금은 시를 받아 돌아갔는데, 빠르기가 폭풍과 같아 금세 사라졌다.

뜻하지 않은 사랑의 고백을 받은 최치원은 '오늘 밤 땅속에서라도 선녀를 만나 남은 생을 쉬겠다.' 는 뜨거운 사랑의 메시지를 시로 읊어 사랑의 전령사 취금에게 전하였다. 진심을 담은 시를 받아든 취금은 그 마음이 식을까 두려워 쏜 살같이 사라졌다.

이제 최치원과 두 여인의 만남은 본격적인 단계를 맞는다.

혼자 남아 서글프게 시를 읊던 최치원. 단가 한 자락을 마치자마자 갑자기 향기가 밀려오더니 이내 두 여인이 살고 있는 재실에 이르렀다. 마치 한 쌍의 명옥明玉 같아 최치원은 마치 꿈인 줄 알고 놀라 엎드리

쌍녀분 앞의 최치원 │ 최치원은 율수현의 지방관으로 재직하던 시절 쌍녀분을 찾았다.

며 "저는 해도海島의 보잘것없는 서생이자 세속의 말단 벼슬아치입니다. 어찌 선려仙侶를 기약하고 함부로 풍류를 바라겠습니까." 하였다. 그러자 갑자기 희롱하는 말이 들리면서 다시 향기로운 자취가 서렸다. 두 여인은 아무 말 없이 미소만 지었다. 최치원은 "향기로운 밤에 다행히 서로 친해질 수 있었는데 / 무슨 일로 늦은 봄에 말이 없는가. / 오히려 진실부秦室婦라고 말하려 했지만 / 원래 식부인息夫人인 줄 알지 못했네."라며 마음을 전하였다.

이에 자줏빛 치마를 입은 여인이 화를 내며 "다시 경멸을 한다 해도 웃으며 말할 수 있습니다. 저희들은 일찍이 두 남편을 쫓았지만 아직 한 남자도 섬기지 못하였습니다." 하였다. 이에 최치원이 "부인이 말하지 않아도 말에 뜻이 있습니다"고 대답하자, 두 여인이 모두 웃었다.

최치원이 "낭자는 어느 곳에 삽니까? 집안 어른은 누구입니까?"라고 묻자 자줏빛 치마를 입은 여인은 눈물을 흘리며 "나와 동생은 율수현 초성향楚城鄉에 사는 장씨張氏의 딸입니다. 아버지는 현의 관리를 지내지 않았지만 마을의 귀인이었습니다. 재산은 동산銅山과 비슷했고, 사치는 금곡金谷과 같았습니다. 제 나이 열여덟, 동생 나이 열여섯에 부모님들은 저와 동생을 소금 장수, 차 장수에게 하나씩 시집보냈습니다. 한데 늘 결혼이 마음에 차지 않았고 마음에 뭉쳐 없어지지 않아서 결국 일찍 죽게 되었습니다." 하였다. 그러면서 덧붙이기를 "하지만 어질고 현명하기를 바랄 뿐 원망하고 혐오하는 감정은 싹트지 않았습니다." 하였다.

이에 최치원은 "당신의 말이 그리 밝은데 어찌 원망이 있겠습니까." 하면서 두 여인에게 "무덤에 들어간 지 이미 오래되었을 터이지만, 무덤이 객사에서 멀지 않습니다. 마치 영웅을 만난 듯하니, 무엇으로 아름다운 이야기를 나타내겠습니까." 하였다. 그러자 붉은 소매를 한 여인이

"이곳에 다녀간 사람은 모두 어리석은 남자들뿐입니다. 지금 다행스럽게 수재를 만났는데, 기세가 오산鰲山처럼 빼어나시니 가히 함께 그윽한 이치를 말할 만합니다." 하였다. 최치원은 술을 권하며 두 여인에게 "세속의 맛을 가히 물외物外의 사람에게 드려도 좋을지 모르겠습니다." 하였다. 자줏빛 치마를 입은 여인은 "먹지도 마시지도 않으니 배도 안 고프고 목도 마르지 않습니다. 그런데 다행히 빛나는 풍채를 만나 아름다운 술을 먹게 되었는데, 어찌 함부로 사양하고 거스를 수 있겠습니까." 하였다.

원하지 않는 사랑, 그리고 원하는 사랑을 찾으려는 세상과의 이별. 최치원은 두 여인의 삶과 죽음이 안타까워 가슴이 아렸다. 마침내 두 여인에게 연민의 정을 느낀 그는 그들과 술잔을 주고받으며 사랑을 나누었다.

　술을 먹으며 서로 시부를 지었는데 모두 맑기가 불세의 구절이었다. 달은 대낮과 같이 밝았고, 바람은 가을날처럼 맑았다. 언니가 먼저 제안했다. "달을 제목으로 정하고 바람을 운으로 삼지요." 최치원이 "눈에 가득한 금빛 파도는 먼 하늘에 떠 있고 / 천 리나 되는 시름은 곳곳마다 한결 같네."라고 첫 연을 띄우자,
　팔낭자가 화답하기를, "수레바퀴 그림자는 옛길을 헤매지 않고 움직이며 / 계수나무 꽃은 봄바람을 기다리지 않고 피었구나." 했다.
　이어 구낭자가 "둥근 광채는 삼경이 지나 점점 밝아오는데 / 이별의 근심은 한 번 바라만 보고도 상처를 주는구나." 하자,
　최치원도 "하얀색이 흩어질 때 비단 장막을 나누고 / 홀 무늬가 비추

는 곳에 구슬 달린 창을 지나네."라고 마주 읊었다.

팔낭자와 구낭자가 이어서 "인간 세상과 멀리 떨어지니 애가 견디기 어렵고 / 지하에 홀로 잠들었으니 한은 끝이 없구나", "늘상 항아嫦娥의 계교 많음을 부러워했네. / 향각香閣을 버리고 선궁仙宮에 이른 것을" 하자,

최치원은 더욱 감탄하여 "이때 앞에 생황의 노래가 울리지 않으면, 좋은 일을 다 마칠 수 없겠지요." 하였다.

그러자 붉은 소매의 여인이 하녀 취금을 가리키며 "현은 관보다 못하고 관은 사람보다 못합니다. 취금이는 노래를 잘 합니다." 하면서 취금에게 소충정사訴衷情詞를 불러보라고 명령하였다. 이에 취금이 옷깃을 여미고 한 곡조를 노래하였는데, 그토록 청아한 소리는 일찍이 들어본 적이 없었다.

세 사람 모두 조금씩 취기가 오를 무렵, 최치원이 두 여자를 유혹하면서 "일찍이 노충盧充은 사냥하다가 예기치 않게 어여쁜 짝을 만났고, 완조阮肇는 신선을 구하다가 아름다운 배필을 맞이하였다고 합니다. 당신들이 허락만 한다면, 좋은 인연이 이루어질 수 있을 것입니다" 하자,

두 여인이 모두 "우제虞帝가 임금이 되었을 때 두 여자가 옆에 있었고, 주량周良이 장군이 되었을 때도 두 여자가 따랐다고 합니다. 옛날도 그러했는데, 오늘은 어찌 그렇지 않겠습니까" 하고 허락했다.

뜻밖의 허락에 최치원이 뛸 듯이 기뻐한 것은 말할 필요도 없었다. 세 개의 깨끗한 베개를 늘어놓고 새 이불을 펼친 다음, 세 사람이 함께 한 이불에 누우니 곡진하고 다사로운 정은 이루 말할 수 없었다.

마음을 연 세 사람의 사랑은 더욱 깊어졌다. 취금의 노래를 들으

며 달빛 가득한 밤하늘 아래 최치원은 두 여인과 사랑의 마음을 열었다. 그러나 이들의 사랑은 곧 영원한 이별을 맞게 되었다.

이윽고 달이 떨어지고 날이 밝아 닭이 울자, 두 여자 모두 소스라치게 놀라며 최치원에게 "즐거움이 다하면 슬픔이 오는 법. 이별은 길고 만남은 짧습니다. 인간 세상의 귀하고 천한 이들도 모두 아플 것인데 하물며 생과 사의 서로 다른 길에서 그 길을 오고 가는 일이 어찌 아프지 않겠습니까! 매번 빛 밝은 낮을 부끄럽게 여기고 좋은 때를 내버리는군요. 응당 하룻밤의 즐거움에 감사해야 하지만, 이를 쫓으면 천 년의 한을 만들까 싶습니다. 처음에는 한 이불 속의 행복에 기뻐하였지만, 기약 없는 파경을 탄식할 수밖에 없습니다." 하였다.

두 여인은 각각 "북두성이 한 바퀴 돌고 물시계 소리도 드문데 / 이별 인사를 하려니 눈물 줄줄 흐르네. / 이제 다시 천 년의 한이 맺혔으니 / 오야五夜의 기쁨을 다시 찾을 수 없겠구나."와 "기운 달이 창을 비추니 붉은 얼굴은 차가워지고 / 새벽바람이 소매를 갈아먹으니 어여쁜 얼굴은 찡그려지누나. / 당신과 헤어지려니 걸음마다 애간장이 끊어지고 / 비가

최치원과 쌍녀분의 두 여인 | 최치원은 쌍녀분의 두 여인과 밤을 새우며 노래했다.

흩날리고 구름마저 돌아가 꿈에 들어가기도 어렵겠네."라고 시를 지었다.

두 여인의 시를 들은 최치원은 눈물이 뚝뚝 떨어지는 줄도 모르고 슬퍼했다. 두 여인은 최치원에게 "혹시 다른 날 이곳을 거쳐가게 된다면, 황폐한 무덤을 청소나 해주세요." 하고는 홀연히 사라졌다.

아침이 되어 최치원이 무덤 가에 돌아와 노래를 읊조려보았지만, 탄식만 더할 뿐이었다. 그 뒤 최치원은 장가를 지어 마음을 달랬다.

'오가는 길에 청소나 해달라.'는 두 여인의 마지막 말에 최치원은 아쉬움의 눈물을 감출 수가 없었다. 이렇게 최치원은 이국 땅에 사랑의 흔적을 남겨 놓았다.

이 이야기는 여러 책에 실려 있다. 조선 전기의 문신인 성임이 쓴 『태평통재太平通載』에는 「최치원」이라는 제목으로, 권문해가 엮은 『대동군부운옥大東韻府群玉』에는 「선녀홍대仙女紅袋」라는 제목으로 실렸다. 중국 송나라 때 장돈이가 엮은 『육조사적편류六朝事迹編類』에도 실려 있는데, 이는 『신라수이전』에 실린 것을 그대로 옮겨 적은 것이다.

관직 진출의 염원을 담은 사랑이야기

최치원은 신라 헌안왕 원년(857)에 태어나 효공왕 12년(908)까지 활동했다. 그는 최견일의 아들이자 승려 현준의 동생으로, 최인연·최서원과는 4촌 내지 6촌 형제간이었다. 최견일은 경문왕 2년

(861)부터 시작되었던 곡사鵠寺 중창 불사에 참여하였고, 현준은 880년대 중반부터 해인사에 머무르며 왕실이 주관하는 불사를 맡았으며, 최인연과 최서원은 관료로 활동하였다. 그의 집안은 유교와 불교에 특별한 관심을 가졌고, 중국에 파견한 유학생을 통해 왕권을 강화하려는 경문왕계 왕실과 깊이 관계하였다.

경문왕 8년(868)에 당나라에 들어간 최치원은 당나라 낙양에 자리한 국자감의 태학에서 공부한 뒤, 경문왕 14년(874) 7월 이전에 외국 유학생의 자격으로 진사에 급제하였다. 이때 그는 시를 짓고 책문을 쓰는데 힘을 쏟았다. 그러한 노력은 876년 겨울에 율수현의 현위를 맡기 전이나 뒤에도 계속되었다. 877년 겨울 최치원은 현위직을 그만두고 또 다른 시험 박학굉사博學宏詞를 준비하였다. 이 시험은 당시 인재를 선발하는 이부에서 시와 글을 시험보아 뛰어난 능력을 가진 이를 뽑으려는 것인데, 당나라 사람들에게조차 고위 관료가 되기 위해서는 이 시험이 필수였다. 현위직은 당나라 관직 가운데 가장 말단이었기에, 박학굉사는 보다 높은 관직으로 진출하고 나아가 신라에 귀국한 뒤에도 왕실의 측근으로 자리잡을 수 있는 보증수표였다. 당나라에 유학하며 관직 진출을 희망한 최치원은 더욱 열심히 시문을 짓고 익혔다.

최치원이 본격적으로 숭앙받은 것은 그가 세상을 떠나고 나서부터였다. 최치원은 자신의 논조를 정확히 입증하기 위해 많은 근거를 인용했고, 사실을 그대로 전하면서 대안을 제시하는 실용적 문장을 구사하였다. 그것은 왕실이나 국가의 존엄을 강조하는 경향을 강하게 담았다. 이는 성리학의 이념과 일맥상통하는 부분이었다. 때문에 성리학적 이념을 토대로 국가 체계를 마련한 조선시대에 이르러 본격적으로 최치원이 남긴 저술에 대한 특별한 관심이 이루어졌다. 성임과 권문해가 최치원의 사랑이야기인 '쌍녀분'을 자신의 글 속에 담은 것도 이러한 분위기에서 이루어졌다. 죽은 혼백과 시를 나누는 일이 어디 세상에 가능하겠는가?

무덤 속 두 여인과 나눈 하룻밤 사랑. 최치원과 두 여인이 주고받은 시가 담긴 쌍녀분 이야기는 표면적으로 남녀 사이의 애절한 사랑을 담고 있지만, 사실 그것은 보다 높은 관직으로 진출하기를 꿈꾸었던 최치원의 희망과 의지의 소산이었다.

| 장일규 |

참고문헌

최영성, 『최치원의 철학사상』, 아세아문화사, 2001
김복순, 「중국내 최치원 유적과 계원필경」『동악미술사학』 2, 동악미술사학회, 2002
장일규, 「최치원의 입당 수학과 활동」『정신문화연구』 제26권 제2호(통권 91호), 한국정신문화연구원, 2003
장일규, 「최치원의 저술」『북악사론』 10, 북악사학회, 2003
이구의, 『최고운 문학 연구』, 아세아문화사, 2005
곽승훈, 『최치원의 중국사 탐구와 사산비명 찬술』, 한국사학, 2005
김종섭, 「당대 문인 여행의 의미와 경계인식」『동방학지』 136, 연세대 국학연구원, 2006

삼촌을 사랑한 조카녀

진성여왕과 위홍

얼마 전 합천 해인사 법보전에 보관된 목조비로자나불의 복장 유물에서 묵서명이 발견되어 화제를 뿌렸다. 화제의 원인은 그 묵서명의 내용 때문이었다. 전문가들에 따르면 묵서명의 내용은 진성여왕과 위홍魏弘의 끈끈한 사랑이야기로 해석될 수도 있다는 것이다.

사실 두 사람의 관계는 진성여왕 4년(890)부터 해인사를 '혜성대왕원당'으로 바꾸어 부르기 시작한 것에서부터 의심을 낳는다. 그 전까지 북궁해인수北宮海印藪라 부르던 것을 혜성대왕원당蕙成大王願堂이라 고쳐 부른 것은 아무래도 진성여왕이 직접 혜성대왕의 명복을 빌기 위해 해인사에 원당을 세웠기 때문이 아닐까. 지금도 해인사의 산내 암자 중에는 원당암이 남아 있는데, 이는 진성여왕이 위홍의 명복을 빌기 위해 세운 암자라고 전한다. 진성여왕과 각간 위홍, 두 사람은 과연 어떤 관계였을까.

해인사 법보전 목조비로자나불 | 불상 안에서 묵서가 나왔다. 이로 인해 목조 불상의 제작 시기도 현존 최고인 883년임이 유력해졌다.

복장에서 나온 묵서 | 전체 31자 중 일부이다. 판독과 해석에는 논란이 있지만, 대각간과 아내가 등신해 중화 3년(883) 불상을 완성했다는 내용이다.

여동생 진성여왕의 왕위계승

죽음을 앞둔 정강왕은 여러 신하들에게 여동생 만曼의 장점을 드는 것과 함께 선덕과 진덕의 고사를 상기시키며 만에게 왕위를 물려주겠다는 뜻을 밝혔다. 이에 따라 만은 왕위에 올라 진성여왕이 되었다.

> 나의 병이 위중하니 다시는 일어나지 못할 것이다. 그런데 불행하게도 왕위를 이을 자식이 없다. 그러나 누이 만은 천성이 총명하고 민첩하며 뼈대는 남자와 비슷하니 경들은 마땅히 선덕과 진덕의 옛 일을 본받아 그를 왕위에 세우는 것이 좋겠다.
>
> 『삼국사기』 권11, 정강왕 2년

위의 기록을 보면 진성여왕이 왕위에 오를 수 있었던 것은 총명한 천성과 남다른 골격 때문이었음을 알 수 있다. 그렇지만 구태여 이러한 조건을 드러내는 이유는 무엇이었을까. 아마도 왕위를 이어받기에는 뭔가 석연치 못한 구석이 있기 때문이 아니었을까. 그럼에도 불구하고 이러한 조건을 내세워 그녀로 하여금 왕위에 오르게 한 이유가 궁금하다. 이와 관련하여 최치원이 당나라 황제에게 올린 글을 잠시 살펴보자.

> 신 단凡은 말씀을 올립니다. 엎드려 칙지를 받음에 죽은 아버지 신 응凝, 경문왕을 추증하여 태사로 삼고 죽은 형 신 정晸, 헌강왕을 태보로 삼았습니다. 또 납정절표에서 말하였다. 신의 큰형인 국왕 정은 지난 광계 3년 7월 5일에 갑자기 성스러운 시대를 버렸고, 신의 사내 조카 요嶢, 효공왕는 아직 돌도 되지 않았으므로 신의 둘째 형 황晃, 정강왕이 임시로 이 변당의 나라를 다스리게 되었으나 또한 1년이 지나지 않아서 밝은 시대를 마다하고 멀리 세상을 떠났습니다.
>
> 최치원 찬, 「사추증표」, 『최치원 문집』

경문왕의 딸인 만이 오빠인 헌강왕과 정강왕의 뒤를 이어 왕위에 오른 것은 조카인 요[뒤의 효공왕]가 아직 어린 탓이라고 핑계되었다. 진성여왕의 왕좌는 요가 성장하여 임금으로서의 역할을 할 나이가 되면 언제든 내어주기로 한 일명 '조건부' 계승이었다.

삼촌을 사랑한 조카녀

여왕과 정부

진성여왕의 남편은 누구였을까. 아니, 그보다 진성여왕은 왕위에 오르기 전 이미 누군가의 아내였을까. 이와 관련하여『삼국유사』왕 력편에서는 여왕의 남편을 위홍이라고 밝혔고, 같은 책 기이편에서

낭혜화상탑비 ┃ 낭혜화상 무염의 탑비로서 최치원이 글을 짓고 최인곤이 글씨 를 썼다. 여기서 위홍을 경문왕의 '태제'라 하였다(충청남도 보령시 성주면 소재, 국보 제8호).

는 위홍에게는 부호부인이라는 부인이 있다고 적고 있다. 같은 책에서 서로 다른 기록을 전하고 있으니, 이 무슨 사연일까.

두 기록 가운데 어느 것이 옳은가를 밝히려면 결국 앞서 제시한 『삼국사기』의 기록을 다시 살피지 않을 수가 없다. 『삼국사기』에는 위홍을 두고 여왕의 남편이라고 밝히는 대신 "여왕이 평소 각간 위홍과 더불어 정을 통하였다."고 적혀 있으니, 이 기록을 따르자면 위홍은 여왕의 남편이 아니다. 그렇다면 위홍은 진성여왕의 정부情夫가 아니었을까?

위홍과 관련하여 처음 나타나는 기록은 경문왕이 즉위하자 그를 대신하여 종묘에 제를 올리고 능에 배알토록 하였다는 대목이다. 그런데 기록에는 위홍을 태제상국太弟相國이라 지칭하여 경문왕과는 각별한 사이였음을 보여주고 있다. 또 성주사 낭혜화상을 왕실로 초빙하였을 때 왕과 더불어 그를 배알한 기록이 나오고 있다. 그곳에서도 그는 태제상국으로 기록되어 있어 정치적으로도 매우 높은 위치에 있었음을 알 수 있다. 그런 가운데 황룡사탑을 중수하는 데 깊이 관여하였음을 보여주는 기록이 발견되었는데 "왕의 동생인 상재상 이간 김위홍이 책임자가 되고"라는 기록을 통하여 비로소 위홍이 경문왕의 친동생이며 진성여왕의 숙부가 된다는 것을 알 수 있었다.

더구나 그는 헌강왕대에는 상대등에 임명되어 왕권을 보좌하기도 하였다. 그리고 대구화상과 함께 『삼대목三代目』을 편찬하였다. 『삼대목』은 경문왕계의 왕통을 정당화하는 이정표였다고 할 수 있다. 따라서 경문왕 이후 위홍은 정치적으로는 매우 중요한 위치에 있었음을 알 수 있다. 진성여왕이 왕위에 오르자 그는 정치적으로는 제2인자가 되었다. 진성여왕은 모든 정치적 실권을 그에게 맡겼고, 왕위에 오른 지 2년 만에 그가 죽자 신라는 이내 허물어지는 모습을 보이기 시작했다. 위홍의 존재는 실로 대단했다.

이상에서 보면 위홍과 진성여왕은 삼촌과 조카녀 사이이다. 둘이 정을 통했다는 것은 오늘날의 관점에서 본다면 납득하기 힘든 일이지만 왕실의 순수혈통 지키기에 혈안이 되었던 신라 사회에서는 비일비재했다.

그렇지만 『삼국사기』에서는 두 사람의 사이를 불륜으로 보지 않았다. 어쩌면 『삼국사기』의 저자 김부식이 두 사람의 숙질 관계를 미처 몰랐기 때문일 수도 있다. 두 사람 사이를 숙질 사이의 비정하고 근친혼으로 비판한 것은 「황룡사구층목탑 찰주본기」가 발견된 이후로 보인다. 진성여왕과 위홍, 두 사람은 과연 어떤 맥락에서 숙질에서 연인 사이로 발전하게 된 것일까.

이를 알기 위해 근친혼이 성행했던 당시 신라의 왕실을 잠시 들여다보자. 널리 알려진 바와 같이 김춘추의 부인은 김유신의 여동생인 문희文姬이다. 김춘추와 문희 사이에서 문무왕과 김인문 등 여러 명의 아들이 태어났고 그 중에는 딸도 있었다. 김유신의 부인이 된 지소부인이 바로 김춘추와 문희 사이에서 태어난 딸이다. 김춘추는 김유신의 매제이자 장인이 되는 셈이었다.

이러한 예는 또 있다. 신라 중고기 대외팽창의 주역인 진흥왕의 아버지는 법흥왕의 아우인 입종갈문왕이었다. 그런데 갈문왕 입종의 부인은 법흥왕의 딸이다. 즉 법흥왕의 딸은 숙부와 결혼한 것이다. 그리고 둘 사이에서 난 아들이 바로 진흥왕이다. 그러므로 진흥왕의 어머니는 동시에 사촌누이이기도 했다.

이렇게 보면 진성여왕이 삼촌과 사통했다는 것은 당시 신라 사회에서 큰 문제거리가 아니었다. 도리어 왜 그런 일이 일어났는가 하는 것을 밝히는 것이 더 중요할 것이다. 진성여왕은 왕위를 계승할 준비가 되어 있지 않았다. 오빠인 정강왕이 갑작스럽게 죽고 조카 요嶢는 아직 어려 왕위를 계승할 수 없는 상태였다. 사정이 이렇게 되자 정강왕은 여러 신하들에게 만을 왕위에 올리도록 유조를 내리고 죽었다. 이렇게 떠밀리듯 왕이 된 만은 위홍의 정치적인 조언이 없이는 신라를 통치하기가 어려웠다.

여왕에게는 위홍의 힘이 절대적으로 필요했다. 더구나 왕실에는 여왕의 정치에 대하여 불만을 가진 진골 귀족세력들이 있었다. 나라 안의 사정이 절박할수록 힘없는 진성여왕은 위홍의 힘을 믿고 그에게 다가간 것으로 짐작된다.

여왕의 쓸쓸한 만년

더구나 진성여왕은 무척이나 병약했던 것 같다. 최치원이 대작한 진성여왕 「양위표」에 "오랫동안 병란에 시달린데다 병마저 많고 보니, 제가 추진하고 싶은 대로 추진할 것을 깊이 생각하였으나 자기와 가까운 사람을 친해하는 것을 피하기 어려웠습니다."라고 하여, 전쟁과 병마에 시달린 진성여왕이 자신의 뜻을 펴기 보다는 가까운 위홍에게 의지했음을 알 수 있다. 그러다 위홍이 죽자 그녀는 위홍의 부인인 부호부인에게 의지하였다. 당시의 정치를 비난하는 글들이 온 나라에 나돌았다. 주로 당시 정국 혼란의 주범으로 여왕과 두 소판, 서너 명의 총신과 부호부인을 지목하고 비난하는 글들이었다.

위홍의 부인인 부호부인에 대한 비난도 끊이지 않았다는 사실은 주목을 요한다. 기록에는 부호부인을 진성여왕의 유모라고 적고 있는데, 위홍이 죽은 후 그녀에 대한 비난이 끊이지 않았다는 것은 부호부인 역시 정치에 깊이 관여하고 있었으며, 그녀의 권력 또한 만만치 않았음을 짐작케 한다. 위홍이 죽자 진성여왕은 그를 대신할 대상으로 부호부인을 찾아 그녀에게 의지했다.

난국을 타개하기 위한 여왕의 갖은 노력에도 불구하고 나라의 사정은 조금도 나아지지 않았다. 결국 여왕은 요의 나이가 15세가 되자 그에게 양위하였고, 이렇게 하여 요는 효공왕이 되었다. 그 후 북궁에 머물던 진성여왕은 그해 12월 죽었다고 전한다.

참다운 사랑을 해보지도, 받아보지도 못한 진성여왕. 그녀는 삼촌이 죽자 공황상태에 빠졌고, 그 공백을 메우고자 미소년들의 품을 찾아 떠돌았으나 결국 쓸쓸하게 홀로 눈을 감았다.

왕은 평소 각간 위홍과 더불어 정을 통해 왔는데 이때 이르러서는 위홍이 늘 궁궐에 들어와 일을 제 마음대로 처리하였다. 이에 그에게 대구화상과 함께 향가를 모아 편찬하도록 명하였는데 그 책을 일러 삼대목 三代目이라 하였다. 위홍이 죽자 혜성대왕으로 추존하였다. 이후에는 젊은 미남자 두세 명을 몰래 끌어들여 음란한 짓을 하고는 그들에게 중요한 관직을 주어 나라의 정치를 맡겼다.

『삼국사기』 권11, 진성여왕 2년

이 기록을 통해 진성여왕과 위홍과의 관계를 몇 가지 추측할 수 있겠다. 즉 여왕은 이미 왕이 되기 전부터 이미 위홍과 가까운 관계였고, 즉위 후에는 그에게 국정을 맡겼다. 그리고 위홍이 죽자 여왕은 그를 혜성대왕이라고 추시하였다. 그러니 결국 진성여왕은 생전의 위홍과 깊은 사랑에 빠져 있었을 뿐 아니라 죽은 뒤에도 그를 잊지 못했다는 추측도 무리는 아닐 것이다.

| 조범환 |

이배용, 「신라하대 진성여왕과 왕위계승」 『천관우선생 환력기념 한국사학논총』, 정음문화사, 1985
조범환, 『우리역사의 여왕들』, 책세상, 2001
권영오, 「김위홍과 진성왕대 초기 정국 운영」 『대구사학』 76, 2004

아름다운 인연

지은과 효종랑

효종孝宗과 지은知恩은 신라 진성여왕대에 우연히 인연을 맺게 되었다. 인연을 맺었다고 해서 결혼까지 했다는 것은 아니다. 다만 두 사람 사이의 아름다운 인연으로 말미암아 효종은 헌강왕의 사위가 되었고, 지은은 효녀로 이름을 알리게 되었다.

두 사람이 어떻게 아름다운 인연으로 만나게 되었는지, 『삼국유사』의 기록을 따라 신라 천년의 역사 속으로 들어가 보자.

한기부의 백성 연권의 딸 지은은 어려서 아버지를 여의고, 나이 서른이 넘도록 결혼도 하지 않은 채 홀어머니를 극진히 봉양하였다. 봉양할 것이 없으면 때로는 품팔이를 하고 이리저리 떠돌아다니며 밥을 구걸해 오기도 했다. 그러다 지친 지은은 부잣집에 몸을 팔아 종이 되기로 하여 쌀 10여 섬을 마련하였다. 온 종일 주인집에 가서 일을 해주고 저녁에는 밥을 지어와 어머니를 봉양하였다.

이와 같이 하기를 사나흘, 그 어머니가 딸에게 물었다.

"지난날의 식사는 거칠었으나 맛있었는데 지금 식사는 좋으나 맛이 옛날과 같지 않으며 간장을 칼로 찌르는 것 같으니 이 어쩐 일이냐?"

이에 지은이 사실대로 아뢰자 어머니가 "나 때문에 네가 종이 되었구나! 차라리 빨리 죽는 것이 낫겠다." 하고 크게 우니 지은도 어머니를 끌어안고 같이 울었다. 지나는 사람들이 이를 쳐다보며 몹시 안타까워하였다.

그 때 외출했던 길에 이 모습을 본 효종랑이 집으로 돌아와 부모에게 청하여 곡식 100섬과 옷가지를 실어다 주었다. 또 종으로 산 주인에게 보상하고 양인으로 만들어주니, 그의 낭도 수천 명이 각각 곡식 한 섬씩을 내어 도와주었다.

진성여왕 역시 이 소식을 듣고 조 500섬, 집 한 채를 지은에게 내려주고 잡역을 면제해 주었다. 집에 곡식이 많았으므로 빼앗거나 훔치는 자가 있을 것을 염려하여 담당 관청에 명하여 군대를 보내어 교대로 지키게 하였고 그 마을을 효양방이라 하였다. 이어서 중국에 사신을 보내어 지은의 아름다운 행동을 황실에 알렸다.

효종은 당시 제3재상 서발한 인경의 아들로 어릴 적 이름은 화달이었다. 진성여왕이 말하기를 "비록 어린 나이라고는 하지만 인격이 완성된 어른처럼 보인다."고 하고, 곧 자기 오빠인 헌강왕의 딸을 아내로 삼게 하였다.

『삼국유사』권5, 효선9 빈녀양모

몸을 팔아 어머니를 봉양한 소녀 가장

당시 지은은 지금의 경주 보문단지 부근에 거주하고 있었다. 부잣집에 몸을 팔기 전까지 그녀는 양인 신분이었다. 그런데 어린 소녀 혼자의 몸으로 눈먼 어머니를 혼자 봉양했던 그녀의 삶은 지금으로 말하자면 소녀 가장의 그것이었다. 소녀 가장의 생활을 더 이상 버틸 수 없게 되자 그녀는 마침내 부잣집에 몸을 팔았다.

그렇게 결심하기까지는 상당한 고뇌의 시간을 보낸 듯하다. 하급 평민이라 할지라도 걸식하면서 사는 것이 노비 생활보다 낫다는 지은의 고민은 당시 골품제의 산물이었을 것이다.

당시 부자라 하면 결국 진골귀족의 집안을 의미한다. 유력한 진골귀족은 다수의 노비를 거느리고 있었으며, 가신들도 여럿 두었다. 특히 진성여왕대는 국가의 행정 통제력이 약화되어 진골귀족들이 노비나 창고, 말 등을 지나칠 정도로 많이 소유하던 때였다. 결국 지은이

「삼강행실도」의 지은매신 | 「삼강행실도」에는 효녀 지은의 이야기가 그림으로 수록되어 있다.

노비로서의 삶을 선택하게 된 것은 신라 하대의 상황과도 무관하지 않다.

효종랑의 구원

지은을 구한 효종은 당시 제3재상 인경의 아들이라고 하였다. 제 3재상이 어느 정도의 위치인지 구체적으로 알 수는 없지만 당시 최고 권력자 가운데 한 명이었음은 틀림이 없다. 사실『삼국사기』기록 가운데 효종이 진성여왕의 눈에 들게 된 것도 이와 무관하지 않을 것이다. 즉 인경의 정치·경제적 배경은 아들 효종을 왕의 사위로 만들기에 충분한 조건이 되었을 것이다. 즉 그가 왕의 사위가 된 것은 지은을 도운 미담뿐 아니라 그의 집안 내력 또한 큰 작용을 했을 것이다.

그런데 효종이 낭도들에게 지은과 관련된 얘기를 하자 낭도들이 곡식 한 섬씩을 내어 도와주었고, 특히 그 낭도의 숫자가 천여 명에 달했다는 부분이 주목된다. 여기서 보이는 낭도들은 단순히 화랑의

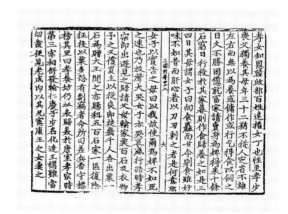

『삼국사기』열전, 효녀 지은 │ 화랑 효종이 효녀 지은을 도와준 내용이 적혀 있다.

낭도들이 아니라 효종 집안의 사병私兵들을 의미하는 것으로 생각된 다. 『삼국유사』에는 이 무리를 낭도 대신 문객門客으로 표현되어 있 다. 문객이란 몸을 의탁해 온 외래인들을 의미하므로, 이는 다시 말 해 주인을 위해 몸을 바치고 그 대가로 생활을 꾸리는 사람이었다. 이를 통해 당시 효종은 집안의 문객들을 이끌었으며 집단적인 사병 역할을 하였고, 유사시에는 바로 군사지휘관과 같은 역할을 하였음 을 짐작할 수 있겠다. 결국 진성여왕이 효종을 헌강왕의 사위로 삼 은 것은 효종의 집안 배경과 군사적 능력을 염두에 두었기 때문이 었음을 쉽게 짐작할 수 있다.

그런데 당시 효종은 아직 출사하기 전, 다시 말하면 조정에 나가 벼슬을 하기 전이었다. 그러니 진성여왕이 효종을 두고 '어린 나이' 라고 한 것도 이와 무관하지 않다. 그러면서도 그는 어려운 사람들 을 보살필 줄 아는 노성한 덕을 지녔다.

효양방 이벤트

이 이야기의 배경이 된 진성여왕대는 신라 역사에서 매우 어려운 시기였다. 특히 진성여왕이 왕위에 오른 지 3년 되던 해에는 국가의 재정이 매우 어려워졌다. 기록에 따르면 국내의 여러 주군에서 세 금을 내지 않아 국고가 텅 비어 왕이 사자를 보내 세금을 독촉하니, 곧 도처에서 도적이 벌떼같이 일어났다고 한다. 국가의 입장에서 보면 도적이지만 일반 양인의 입장에서는 국가 권력에 대한 적극적 인 저항이었다.

경순왕릉 | 효종의 아들은 신라의 마지막 왕인 경순왕이다(경기도 연천군 장남면 소재, 사적 제244호).

당시 상주尚州에서는 원종元宗과 애노哀奴의 반란이 있었고, 양길과 궁예 그리고 견훤 등의 무리가 지방을 휩쓸고 다녔다. 그러니까 진성여왕대 초기부터 국고는 이미 바닥난 상태였다. 그럼에도 나라차원에서 지은 모녀에게 집 한 채와 곡식 500석을 내렸다면 이는 대단히 이례적인 일이 아닐 수 없다. 더구나 행여 있을 도둑을 지키기 위해 군인들까지 보내주었다니 당시의 민심이 얼마나 흉흉했는지 충분히 상상할 수 있겠다. 이런 판국에 지은을 향한 진성여왕의 지나치리만큼 후한 태도는 쉽게 납득하기가 어렵다. 더구나 포상 후 지은의 효행담을 중국에까지 알렸다니, 이는 어쩌면 태평성대를 가장하기 위한 이벤트가 아니었을까.

『삼국유사』에 따르면 지은을 기리기 위해 그녀가 사는 마을에 붉은 대문을 만들어 충신·효자·열녀 등을 표창하고 마을 이름도 '효양'이라 하였다는 기록이 있다. 그리고 지은은 어머니가 돌아가자 힘들었던 자신의 과거를 그리며 절을 지어 이름을 양존사兩尊寺라 하고 부모님의 극락왕생과 효종랑을 향한 감사의 마음을 전했다.

효종은 진성여왕 다음 왕인 효공왕 6년(902)에 시중직에 올랐다. 시중직은 당시 최상위직인 상대등과 더불어 최고의 권력을 가졌다. 따라서 효종은 진성여왕의 조카사위가 된 이후 정계에 진출한 것으로 여겨진다. 효공왕이 죽자 효종은 동서인 신덕왕과와 왕위계승을 두고 치열한 경쟁을 벌였지만 결국 왕위에는 오르지 못했다. 그가 실패한 이유는 아마도 그가 화랑 출신이라는 것과 모종의 관련이 있지 않을까 싶다. 화랑들은 정치를 주도하였지만 당시 권력의 한 축에서는 화랑 출신의 인물이 왕이 되는 것을 꺼리는 경향이 있었던 것으로 파악된다. 이에 또다른 헌강왕의 사위였던 신덕왕으로 추대한 것이다. 효종이 왕위계승에 실패하면서 지은의 미담 역시 역사 속으로 사라졌다.

그러나 홀어머니를 봉양하기 위해 자신의 몸을 쌀 10여 섬에 판 효녀 지은의 이야기는 뒷날 효녀 심청 소설로 이어졌다.

| 조범환 |

참고문헌

이종욱, 「신라하대의 골품제와 왕경인의 주거」 『신라문화』 7, 1990
조범환, 「신라 말 화랑세력과 왕위계승 – (김)효종과 김부의 활동을 중심으로」 『사학연구』 57, 1999

박씨왕을 즉위케 한 정화부인의 혼인

신덕왕

흔히 천 년 역사의 왕조 신라를 가리켜 천년사직千年社稷이라 부른다. 신라 왕조 천 년 동안 왕위계승에도 변화가 많았다. 건국 초기에는 박씨·석씨·김씨가 교대로 왕위를 차지하다가 오랜 세월이 흐른 뒤에는 김씨가 독점적으로 왕위를 계승하게 되었다. 그러나 『삼국사기』나 『삼국유사』의 기록에 의하면 신라가 멸망하기 직전에 또다시 박씨 왕이 등장하였다. 멸망 직전 왕국의 박씨 왕, 그들은 어떻게 생겨 났을까.

박씨왕, 역사 속에 다시 등장하다

제36대 원성왕 이래 그의 후손들이 왕위를 이어갔다. 그러면서도 이들 사이에 소가계의 분화가 이루어져 한때는 왕위를 두고 가계와 가계 사이에 갈등과 대립의 양상이 있기도 했으나 경문왕의 즉위를 계기로 잠시나마 평화기를 맞았다. 그러나 평화는 오래가지 못했다. 진성여왕대의 혼란기를 거쳐 효공왕을 마지막으로 김씨 왕통은 끊어지고 왕위는 박씨의 차지가 되었다. 『삼국사기』 권12, 신덕왕 즉위조는 이렇게 기록한다.

신덕왕이 즉위하였다. 성은 박씨이고, 이름은 경휘景暉이며, 아달라왕의 먼 후손이다. 아버지는 예겸乂兼 또는 예겸銳謙으로 일찍이 정강대왕을 섬겨 대아찬이 되었다. 어머니는 김씨 정화부인貞花夫人으로 헌강대왕의 딸이다. 효공왕이 죽고 아들이 없으므로 국인國人에게 추대되어 즉위하였다.

『삼국유사』 왕력 신덕왕 | 신덕왕의 아버지는 문원, 할아버지는 문관, 의부는 예겸이라고 기록되어 있다.

김씨인 효공왕이 후사를 남기지 못하고 죽자 신덕왕이 국인의 추대로 즉위하였다. 하지만 신덕왕은 성이 박씨이므로, 김씨인 효공왕과는 혈연상 아무 관계가 없고, 왕비 쪽으로 처남과 매부 사이이다. 이러한 이성친간의 계승은 왕위의 부자계승 원칙을 무시한 비정상적인 계승이었다. 신덕왕의 즉위로 말미암아 신라 말에 이

신라 속의 사랑 사랑 속의 신라

르러 새로운 박씨 왕통이 시작되었다.

한편 신덕왕은 즉위하면서 죽은 아버지를 선성대왕으로 추존하고, 어머니를 정화태후로, 왕비를 의성왕후로, 아들 승영을 왕태자로 삼았다. 그리고 이찬 계강을 상대등에 임명하였다.

홍미로운 것은 신덕왕의 아버지가 누구인가 하는 문제이다.『삼국사기』에는 신덕왕의 성이 박씨이고, 아달라왕의 원손이며, 아버지는 예겸이라 기록되어 있지만, 이와 달리『삼국유사』왕력 제53, 신덕왕조에는 신덕왕은 박씨이고, 아버지는 문원文元 이간, 할아버지는 문관文官 해간이며, 의부는 예겸銳謙 각간이라고 기록되어 있다. 즉 전자는 신덕왕의 아버지를 예겸이라 한 반면, 후자는 아버지가 문원이고 예겸은 의부라고 하였다.

예겸은 누구인가?

그렇다면 예겸은 누구인가?『삼국사기』에는 "예겸이 정강대왕을 섬겨 대아찬이 되었다."는 기록이 있는가 하면,『삼국사기』신라본기 헌강왕 즉위조에는 "대아찬 예겸을 시중으로 삼았다."는 기록이 있다. 이 기록으로 미루어 짐작컨대 예겸은 정강왕 이전, 그러니까 헌강왕대에 이미 대아찬의 관등을 보유하고 있었던 것으로 보인다. 따라서『삼국사기』에서 예겸이 정강왕을 섬겨 대아찬이 되었다는 기록은 사실상 헌강왕대에 이미 대아찬이 되었는데, 이어 즉위한 정강왕을 섬겼다고 하는 편이 더 정확할 것이다. 결국 신덕왕의 의부 예겸은 헌강왕의 즉위와 동시에 대아찬으로 시중이 되었고, 예겸의 딸은 효공왕의 왕비가 되었다.

그런데 예겸의 시중 임명이 경문왕의 친동생이며 헌강왕의 숙부인 위홍의 상대등 임명과 함께 이루어졌다는 사실은 그가 당시 경문왕가의 왕권과 아주 밀접했다는 사실을 짐작케 한다. 예겸은 시중으로 약 5년 동안 재임하다가 헌강왕 6년880 2월에 일단 관직에서 물러났다. 이후 효공왕이 즉위하자 예겸은 자기 딸을 효공왕과 혼인시켜 왕의 장인이 되었고, 또 아들 경휘를 헌강왕의 딸이자 효공왕의 누이와 혼인시킴으로써 당시 왕실 내에서 자신의 지위를 더욱 확고히 다질 수 있었다. 이처럼 신덕왕은 친부보다는 의부의 영향에 의해 헌강왕의 딸과 혼인하여 죽은 헌강왕의 사위가 되었고, 동시에 당시 재위 중인 효공왕과는 처남과 매부 관계가 성립되어 왕위에 오를 수 있는 친족관계를 이루었다.

이러한 사실을 고려하면 아무리 생각해도 예겸이 박씨 성을 가진 인물이라고 보는 데는 어려움이 있다. 예겸은 대아찬과 시중이라는 관직을 가졌다. 골품제에 바탕을 둔 신분제 사회였던 신라에서는 고위 관직에는 왕과 가까운 친족의 인물을 임명하였다. 게다가 예겸의 딸이 왕비가 될 정도의 신분이었으니 예겸의 신분과 정치적 위상을 볼 때, 그는 박씨라기보다는 오히려 김씨 왕족일 가능성이 상당히 크다.

정화부인의 재혼과 예겸

흥미로운 것은 신덕왕의 어머니인 정화부인이 누구인가 하는 문제이다.

정화부인에 대해서는 태어난 해는 물론 죽은 해에 대해서도 기록이 남아 있지 않다. 이름은 기록에 따라 정화부인貞花夫人 또는 정화부인貞和夫人으로 표기되어 있으며, 성무대왕으로 추봉된 각간 순홍의 딸이다.

『삼국사기』 신덕왕 즉위조의 기록에는 신덕왕의 아버지는 선성대왕이고, 어머니는 정화부인이라고 하였다. 여기서 선성대왕이란 예겸의 시호이다. 반면 『삼국유사』에는 예겸이 신덕왕의 의부이고, 신덕왕의 친아버지는 홍렴대왕으로 추봉된 각간 문원이라고 하였다. 이 두 가지 기록을 종합하면 정화부인은 문원과의 사이에서 신덕왕을 낳았고, 예겸이 이 신덕왕의 의부가 된 것이다. 그런데 의부란 '의로써 맺어진 아버지'란 뜻으로, 흔히 계부라 부른다. 다시 말하면 신덕왕의 아버지는 실부와 의부가 있었다. 하지만 실부 문원은 박씨이니 진골이 아니었고, 또 의부 예겸은 김씨 진골이긴 했지만 신덕왕은 양자제가 일반화되지 않은 당시 사회적 친족 원리상 진골 신분까지 이어받지는 않았다. 한편 신덕왕의 어머니 정화부인은 박씨로서 아달라왕의 먼 후손이라고 한다.

그러므로 신덕왕의 어머니 쪽은 물론 친아버지 쪽도 진골이 아니었다. 신덕왕은 본래 박씨 가의 인물이었다가 어머니 정화부인이 예겸에게 개가하자 신덕왕은 의부 예겸의 친족원으로 편입되어 김씨로 인정된 것이다. 그러므로 신덕왕의 즉위에 직접적으로 작용한 것은 의부 쪽이었다.

사실 당시 효공왕과 혈연적으로 가까웠던 인물은 더 있다. 먼저 전왕인 진성여왕의 자식들을 들 수 있다. 이들은 효공왕과는 고종

박씨왕을 즉위케 한 정화부인의 혼인

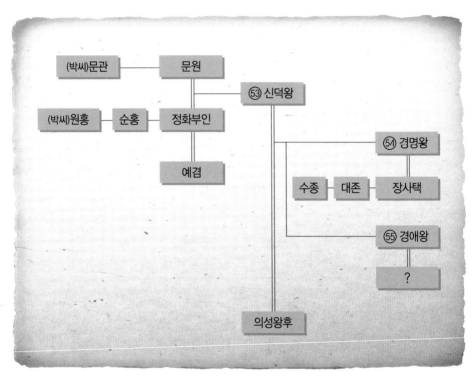

신라 하대 박씨왕실 세계도

형제간이다. 물론 이들은 진성여왕이 효공왕에게 선위하였으므로
왕위계승 서열에서는 일단 벗어났지만, 효공왕이 자식이 없는 상황
에서는 즉위할 수도 있는 위치의 인물이며 혈연관계였다.

또 헌강왕의 딸과 혼인한 김씨 왕족의 김효종도 있었다. 효종은
일찍이 화랑으로서 효녀 지은知恩을 도와주는 미담을 남기는 등 그
의 무리를 이끌고 명망을 떨치며 독자적인 세력을 거느린 존재였
다. 신덕왕이 효공왕과 이러한 혈연관계에 있는 인물들, 특히 효종
랑을 물리치고 즉위할 수 있었던 것은 우선 그가 헌강왕의 사위였

고, 효공왕과는 서로 처남이면서 동시에 매형과 매제라는 혈연관계에 있었기 때문이다. 여기에 더하여 당시 최고 실력자였던 예겸을 중심으로 연결된 지지세력의 추대를 받은 덕택이었다. 당시 신덕왕의 지지세력은 신덕왕의 즉위와 함께 다시 상대등에 임명된 계강과 의부관계를 맺은 예겸계 인물들, 효공왕이 총애하는 첩을 죽인 대신 은영殷影 등이었을 것이다.

신덕왕의 치세와 몰락의 전야

신덕왕대의 신라는 실제로는 경주 지역을 다스리는 데 그쳤고, 국토의 대부분은 궁예와 견훤의 세력권 안에 들어가 있었다. 신덕왕 3년914에는 궁예가 수덕만세水德萬世를 고쳐 정개政開 원년이라 하였다. 궁예의 부하인 왕건이 나주를 정벌한 이후 그들의 패권다툼이 더욱 치열해지는 동안 신라는 간신히 명맥을 유지하는 형편이었다. 이러한 시대적 상황을 상징하듯이 신라에서는 신덕왕 4년915 영묘사 안 행랑채에 까치집 34개와 까마귀집 40개가 생겼고, 3월에는 두 차례에 걸쳐 서리가 내리기도 하고, 8월에는 참포斬浦의 민물과 동해의 바닷물이 서로 부딪쳐 싸우는 양상을 보이다가 3일 만에 그치는 일이 있었다. 드디어 916년 8월에는 견훤이 대야성경상남도 합천을 공격하여 비록 함락시키지는 못하였으나, 이는 신라의 등뒤에 비수를 꽂은 격이었다. 10월에는 지진이 일어났는데 그 소리가 천둥과도 같았다. 신라 왕실은 이미 후백제나 태봉의 공격을 막아낼 만한 힘을 잃은 상태였다.

917년 정월에 금성金星태백이 달을 침범한 현상이 있은 뒤, 10월 신덕왕은 죽었다. 그의 장지는 죽성이라고도 하고 혹은 화장하여 잠현에 묻었다고도 한다.

| 김창겸 |

김철준, 「후삼국시대의 지배세력의 성격」『이상백박사 회갑기념논총』, 1964
조범환, 「신라말 박씨왕의 등장과 그 정치적 성격」『역사학보』129, 1991
조범환, 「신라말 화랑 세력과 왕위계승-(김)효종과 김부의 활동을 중심으로-」『사학연구』, 57 1999
문경현, 『증보 신라사 연구』, 경북대학교 출판부, 2000
김창겸, 『신라 하대 왕위계승 연구』, 경인문화사, 2003
전기웅, 「신라말 효공왕대의 정치사회 변동」『신라문화』27, 2006

| 신라의 관등과 골품별 승진 상한선 |

등급	외위 外位	경위 京位	복색 服色	골품				취임 가능 관직											
								중앙관직					지방관직						
				진골	6두품	5두품	4두품	영 令	경 卿	대사 大舍	사지 舍知	사 史	도독 都督	임신 任臣	주조 州助	태수 太守	장사 長史	소수 少守	현령 縣令
1		이벌찬 伊伐飡	자 색 紫 色					○											
2		이찬 伊飡						○					○						
3		잡찬 迊飡						○					○						
4		파진찬 波珍飡						○					○	○					
5		대아찬 大阿飡						○					○	○					
6		아찬 阿飡	비 색 緋 色						○				○	○	○	○			
7	악간 嶽干	일길찬 一吉飡							○				○	○	○	○			
8	술간 述干	사찬 沙飡							○				○	○	○				○
9	고간 高干	급찬 級飡							○						○	○	○		○
10	귀간 貴干	대나마 大奈麻	청 색 青 色																
11	선간 選干	나마 奈麻								○						○	○	○	○
12	상간 上干	대사 大舍	황 색 黃 色							○	○					○	○	○	○
13	간 干	사지 舍知								○	○	○				○	○	○	○
14	일벌 一伐	길사 吉士										○						○	○
15	일척 一尺	대오 大烏										○							○
16	피일 彼日	소오 小烏										○							○
17	아척 阿尺	조위 造位										○							○

| 통일신라시대 왕실 계보도 |

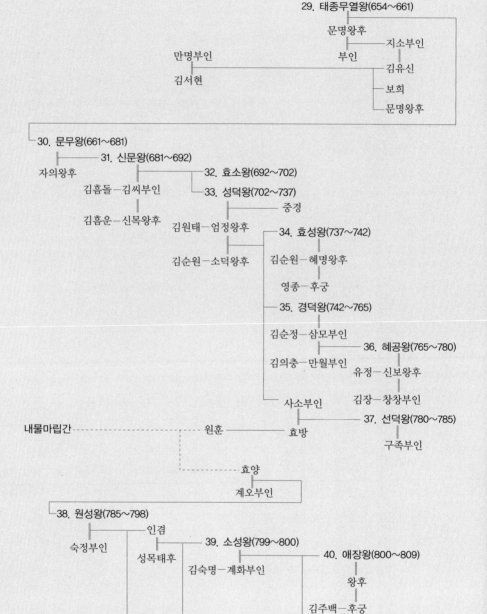

29. 태종무열왕(654~661)

문명왕후

부인 ─ 지소부인

만명부인

김서현 ─ 김유신

보희

문명왕후

30. 문무왕(661~681)

31. 신문왕(681~692)

자의왕후

32. 효소왕(692~702)

김흠돌 ─ 김씨부인

33. 성덕왕(702~737)

중경

김흠운 ─ 신목왕후

김원태 ─ 엄정왕후

34. 효성왕(737~742)

김순원 ─ 혜명왕후

김순원 ─ 소덕왕후

영종 ─ 후궁

35. 경덕왕(742~765)

김순정 ─ 삼모부인

36. 혜공왕(765~780)

김의충 ─ 만월부인

유정 ─ 신보왕후

김장 ─ 창창부인

사소부인

37. 선덕왕(780~785)

구족부인

내물마립간 .... 원훈 ─ 효방

효양

계오부인

38. 원성왕(785~798)

인겸

숙정부인

39. 소성왕(799~800)

성목태후

40. 애장왕(800~809)

김숙명 ─ 계화부인

왕후

김주백 ─ 후궁

체명

장화부인

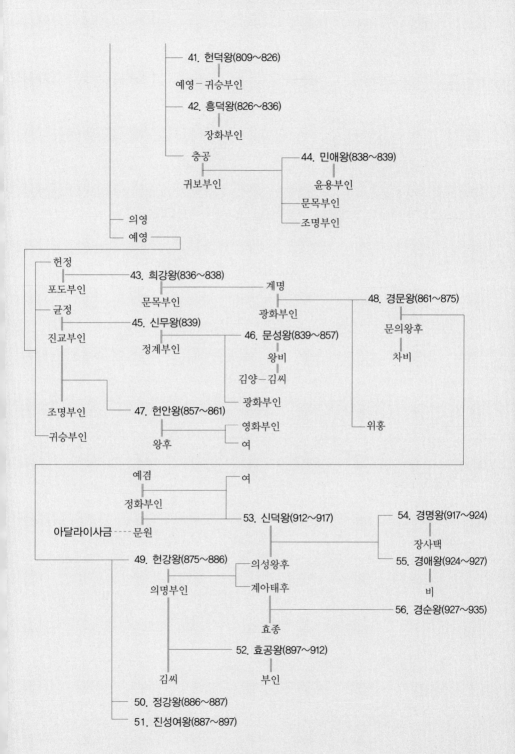

41. 헌덕왕(809~826)
예영 – 귀승부인

42. 흥덕왕(826~836)
장화부인

충공
귀보부인

44. 민애왕(838~839)
윤용부인
문목부인
조명부인

의영
예영

헌정
포도부인

43. 희강왕(836~838)
문목부인

균정
진교부인

45. 신무왕(839)
정계부인

계명
광화부인

46. 문성왕(839~857)
왕비
김양 – 김씨
광화부인

48. 경문왕(861~875)
문의왕후
차비

조명부인

47. 헌안왕(857~861)
왕후

영화부인
여

위홍

귀승부인

예겸
정화부인

여

53. 신덕왕(912~917)
의성왕후
계아태후

54. 경명왕(917~924)
장사택

55. 경애왕(924~927)
비

아달라이사금 ---- 문원

49. 헌강왕(875~886)
의명부인

효종

56. 경순왕(927~935)

52. 효공왕(897~912)
부인

김씨

50. 정강왕(886~887)
51. 진성여왕(887~897)